高校学术文库
体育研究论著丛刊

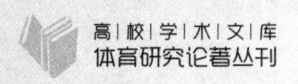

休闲体育科学论及健身方法指导

徐雅莉 骆繁荣 著

中国书籍出版社
China Book Press

图书在版编目(CIP)数据

休闲体育科学论及健身方法指导/徐雅莉,骆繁荣
著.—北京:中国书籍出版社,2016.10
ISBN 978-7-5068-5913-4

Ⅰ.①休… Ⅱ.①徐…②骆… Ⅲ.①群众体育—研究②健身运动—研究 Ⅳ.①G811.4②R161.1

中国版本图书馆 CIP 数据核字(2016)第 257559 号

休闲体育科学论及健身方法指导

徐雅莉 骆繁荣 著

丛书策划	谭 鹏 武 斌
责任编辑	牛 超 张彩丽
责任印制	孙马飞 马 芝
封面设计	马静静
出版发行	中国书籍出版社
地 址	北京市丰台区三路居路 97 号(邮编:100073)
电 话	(010)52257143(总编室) (010)52257140(发行部)
电子邮箱	chinabp@vip.sina.com
经 销	全国新华书店
印 刷	三河市铭浩彩色印装有限公司
开 本	710 毫米×1000 毫米 1/16
印 张	16.75
字 数	217 千字
版 次	2018 年 5 月第 1 版 2018 年 5 月第 1 次印刷
书 号	ISBN 978-7-5068-5913-4
定 价	54.00 元

版权所有　翻印必究

前　言

经过长期的改革与发展,我国的社会经济等各方面得到了长足的发展,城市化进程不断加快,人们的闲暇时间逐渐增多,生活水平也在日益提高。在这一发展环境下,人们的健康意识不断提升,参与体育运动健身的意识也在不断增强,从而使得我国的体育产业得到了快速的发展。

休闲体育是体育运动的重要形式,其在很长一段时间内都处于无意识的发展状态,相应的理论体系也较为缺乏。近年来,随着人们参与休闲体育的不断增多,休闲体育相应的理论也在不断发展和完善。通过对休闲体育的相关理论和健身方法进行分析和研究,能够更好地促进人们的健身实践。这也是撰写本书的重要原因。

对休闲体育理论的研究,能够帮助人们树立正确的休闲体育理念,对人们的社会生活产生积极的影响。在城市中,休闲体育已经成为人们日常生活的重要组成部分。通过休闲体育科学论及健身方法的学习,能够提升人们对于休闲体育的认识,并能够促进人们更加科学地参与休闲体育运动。

本书共有九章。第一章对休闲体育进行了概述,对其概念、内涵、特征、功能、价值以及现状和发展趋势等方面进行了分析;第二章则对休闲体育文化的内涵进行了解读,分析了其内涵的三个层面,然后对与其相关的休闲论、健康论、教育论、娱乐论、游戏论等方面进行了分析;第三章对休闲体育健身的理论进行了分析,对其健身的原则、方法以及与终身体育的关系进行了分析;第四章对休闲体育健身的科学原理进行了分析,并阐述了其生理学、心理学和运动学基础;第五章对休闲体育健身的安全保障进行了探讨,涵盖营养补充、疲劳消除和伤病防治三个层面;第六章则对不同群体的休闲体育健身进行了指导,依次对不同年龄人群、不同性别人群、不同社会阶层人群的健身进行了指导;第七章至第九章对具体的休闲体育项目的健身进行了指导,分别为球类运动(羽毛球、乒乓球、网球、台球、高尔夫球、门球)、民族传统体育(养生气功、太极拳、毽球、风筝)以及其他类型(时尚休闲运动、水上休闲运动、冰雪休闲运动)的休闲体育健身。

　　本书理论与实践密切结合,结构完整、逻辑清晰,具有较强的理论研究价值和实践指导价值,可作为休闲体育教学的拓展读物,对于休闲体育的深入理论研究也有抛砖引玉之用。

　　本书在撰写过程中,参考了多位专家、学者的著述,在此深表谢意。由于水平有限,书中难免会有不妥之处,恳请读者批评指正。

作　者
2017 年 8 月

目　　录

第一章　休闲体育概述 …………………………………… 1
第一节　休闲体育的概念 …………………………………… 1
第二节　休闲体育的内涵与特征 …………………………… 3
第三节　休闲体育的功能与价值 …………………………… 13
第四节　休闲体育的发展现状与未来走向分析 …………… 19

第二章　休闲体育文化的内涵解读 ……………………… 28
第一节　休闲体育文化内涵的三个层面 …………………… 28
第二节　休闲体育与休闲论 ………………………………… 30
第三节　休闲体育与健康论 ………………………………… 35
第四节　休闲体育与教育论 ………………………………… 40
第五节　休闲体育与娱乐论 ………………………………… 43
第六节　休闲体育与游戏论 ………………………………… 48

第三章　休闲体育健身的相关理论 ……………………… 54
第一节　休闲体育健身的原则 ……………………………… 54
第二节　休闲体育健身的方法 ……………………………… 60
第三节　休闲体育健身与终身体育的关系 ………………… 70

第四章　休闲体育健身涉及的多元化科学原理 ………… 79
第一节　休闲体育健身的机制与原理 ……………………… 79
第二节　休闲体育健身的生理学基础 ……………………… 91
第三节　休闲体育健身的心理学基础 ……………………… 99
第四节　休闲体育健身的运动学基础 ……………………… 106

第五章　休闲体育健身的安全保健 …………………… 110
第一节　休闲体育健身的营养补充 ………………… 110
第二节　休闲体育健身的疲劳消除 ………………… 119
第三节　休闲体育健身的运动性伤病防治 ………… 124

第六章　不同群体休闲体育健身指导 ………………… 138
第一节　不同年龄群体休闲体育健身指导 ………… 138
第二节　不同性别群体休闲体育健身指导 ………… 150
第三节　不同社会阶层休闲体育健身指导 ………… 154

第七章　球类运动健身方法指导 ………………………… 159
第一节　羽毛球 ……………………………………… 159
第二节　乒乓球 ……………………………………… 162
第三节　网球 ………………………………………… 168
第四节　台球 ………………………………………… 174
第五节　高尔夫球 …………………………………… 180
第六节　门球 ………………………………………… 186

第八章　民族传统体育健身方法指导 ………………… 191
第一节　养生气功 …………………………………… 191
第二节　太极拳 ……………………………………… 195
第三节　毽球 ………………………………………… 215
第四节　风筝 ………………………………………… 219

第九章　其他类型健身方法指导 ………………………… 222
第一节　时尚休闲运动 ……………………………… 222
第二节　水上休闲运动 ……………………………… 243
第三节　冰雪休闲运动 ……………………………… 250

参考文献 …………………………………………………… 256

第一章　休闲体育概述

在 21 世纪的今天,休闲体育已经走进了人们的生活,成为人们闲暇时间的重要娱乐健身活动。现代休闲体育不仅继续保有体育运动的健身性、娱乐性和益智性,还包含了更多的时尚性色彩。这些都使得休闲体育运动成为老少皆宜、不同阶层皆宜的体育活动类型。本章重点对休闲体育的基本理论进行阐明,以期使人们更加了解休闲体育,并为进一步深入研究休闲体育打好基础。

第一节　休闲体育的概念

在世界范围内,包括许多休闲体育运动开展较早的国家都并未给休闲体育一个公认的定义。一时间,人们便开始从外在形态上给相关运动命名,如从 20 世纪 80 年代以来,"运动休闲""休闲体育""体育休闲"等名称和相应的概念都被提出过,在学术界这些名称与概念也出现过混用。然而,对于一项事物的研究,没有一个明确的定义肯定会对研究带来困扰。因此,给休闲体育一个明确的定义就成为当务之急的工作,由此才能更好地区分相关概念,使休闲体育运动相关的理论得到更好的发展。

20 世纪六七十年代,各国政府逐渐增加了相关的投入,使体育设施条件得到了更好的保障,通过体育运动来实现休闲目的的人不断增多。西方发达国家经济和社会的发展为民众的普遍休闲奠定了坚实的基础,创造了更有利的条件,休闲体育运动随之在西方发达各国迅速发展起来,休闲体育也逐渐成为一门与学校体育和竞技体育不同的专门学科,它从休闲动机和参与形式等方面明确了休闲体育运动的独特形态与特征。

在西方社会里,现代休闲体育运动的发展与演变不仅有时间和物质基础等方面的改善,同时还有休闲意识与休闲文化的改变。休闲体育经过学校体育和社区体育模式的发展演变,逐步发展壮大,其概念也在发生一系列的发展与变化。

休闲体育运动的本质精神强调的是对生活质量的追求以及实现自我的需要,是对心理需求的满足以及精神生活的丰富。由于研究角度的不同,不同的学者对于现代休闲体育运动概念的界定表现出一定的差异性。国内有些学者将现代休闲体育的概念界定为:现代休闲体育是在自由支配的时间内,现代人依据自身的兴趣和需求,以对体育活动的自主选择和直接参与为基础,为实现娱乐身心、提高生活质量、实现和完善自我等目的的体育活动参与态度和生活方式。

另外还有其他一些学者对休闲体育运动的概念进行了不同的阐述,在此不再进行赘述。通过综合各位专家学者的观点,现代休闲体育运动可以从以下几方面进行阐述。

就现代休闲体育的构成而言,其主要由体育和休闲两部分构成,其含义为通过体育达到休闲的目的。休闲的方式多种多样,体育只是其中的一种,休闲体育是将休闲局限于体育之内的一种休闲活动。休闲体育运动鲜明地表达了将休闲作为体育活动参与的核心目的。体育活动的形式丰富多样,人们参与体育活动的目的也各不相同,有人是为了减肥,有人是为了健身,有人为了塑形,也有人是为了学习和交流。但休闲体育的核心是休闲而不是其他,现代社会体育的功能和价值获得了极大的拓展,除了健身娱乐功能之外,还具有教育和社会整合等多项功能,而现代休闲体育突出了休闲的功能。

现代休闲体育以直接参与体育活动为基础,从户外到室内等活动都具备这一基本特征,这是实现休闲目的的基本需要与保证。休闲体育运动通过身体的适度活动完成休闲过程,最终实现身心调节的目的。

国内有一些学者将体育领域的休闲称为"娱乐体育""余暇体育""运动休闲"等,有很多人认为休闲体育就是在业余时间里所从事的体育活动,这些认识模糊了休闲体育与其他运动形式之间的区别,并没有真正理解休闲体育所强调的体育的心态与生活状态。休闲体育注重人的主体性,使相关的体育活动成为人们日常生活方式的重要组成部分。休闲体育运动是人们自发自主参与其中的,从人的内心需求出发,特别强调人在体育活动中的享受。人们通过休闲体育活动能够更好地消除身心的疲劳,有助于人的精神更加饱满。

通过上述分析总结,我们将现代休闲体育运动的概念总结如下。

人们在闲暇时间所进行的以增进身心健康、丰富和创造生活情趣、完善自我为目的,选择一些比较流行的运动项目的身心锻炼活动。休闲体育运动具有健身、游戏、娱乐等属性,同时还具有改善与促进人的身心健康,提高人体机能水平的作用。这些属性与作用是人们日常生活所需要的,因而使休闲体育成为人们休闲生活的一种重要方式。

自改革开放以来,人们生活水平不断提高,物质条件不断改善,节假日制度也逐渐完善。正是由于时间条件、物质条件以及人们文化观念的转变,使休闲体育逐渐发展起来。如今,通过体育实现休闲的目的,已经成为人们的一种健康的生活方式和积极的生活追求。

第二节 休闲体育的内涵与特征

一、休闲体育的内涵

(一)休闲与体育

休闲的时间主要是人们的业余时间,它可以是学生的学习之余,还可以是社会人的工作之余。在闲暇的时间里,人们以各种"玩"的方式实现身心的调节与放松,达到强身健体、体能恢复、身心愉悦等目的。休闲处于不断的发展和流变过程中,而且不同人群的休闲方式也各不相同。在不同的社会发展阶段,休闲的意义也有所不同。但总体而言,休闲注重的是心情的放松和愉悦,压力的释放与宣泄,个人情感的满足与慰藉。合理科学的休闲行为能够使人体实现体能、智力、情感等各方面的调节。作为一种重要的生活方式,休闲表现出独特的价值与作用,它可以实现身心的全面发展、丰富人们的日常生活、提高人的生活质量。而体育是人类在生产生活中形成的以身体各方面活动为主的一种特殊的文化,它同时也有很多方面的特点与功能,如健身、搏击、游戏、娱乐等,对人体具有积极的影响,对人们的休闲生活有着重要的意义。体育活动需要人们直接参与,通过各方面的体育锻炼活动使人体的各方面素质得到恢复与提高。

体育并非为了空闲时间的娱乐和愉快而存在的,它是以人身体和健康的发展为最终的目的。在人们的日常生活中,随着闲暇时间的不断增多,体育作为一种休闲娱乐活动在长期的生活实践中逐渐被人们所接受。体育通过休闲和娱乐的方式逐渐得以推广,并发展成为如今的休闲体育运动。

现代体育活动项目已经很难将休闲体育和其他形式的体育活动区分开来,如网球、篮球、台球等运动,如果主动机是获得竞技成绩,则不能归为休闲体育运动之中;而如果只是为了放松自己、调节身心,则就应该属于休闲体育。这一点认识对于确定休闲体育的性质来说是非常关键的。另外,体育休闲还可以区分为身体力行的和非直接参与运动的。身体力行的休闲体育即人们直接参与到体育活动中,从中体会到运动带来的良好的身心体验;非直接参与的主要为对体育赛事的观赏活动。由此可见,休闲体育运动涵盖的范围非常广泛,而对于研究来说,主要是针对身体力行的休闲体育运动。

需要注意的是,随着社会的不断发展,休闲体育也处于不断发展变化之中。如今,电子竞技体育与智力体育也处于蓬勃发展之中。2008年,我国召开了首届世界智力体育运动会,来自世界各地共有3 000多名运动员共同参与了这项比赛。时间来到2010年以后,代表我国参加世界电子竞技大赛的运动员不断取得佳绩,其中较有代表性的如2014年T14中国军团强势回归,正赛即包揽八强五个名额,决赛更是包揽冠亚军。NEWBEE战队问鼎T14Dota2冠军,中国军团再次站在世界的巅峰。这些都属于我国休闲体育领域中的重要发展成果。随着时代的不断进步,人们的休闲体育运动形式也会变得更加丰富多彩。

(二)现代休闲体育的主体性地位

休闲体育运动有很多的功能与作用,是人们日常生活中主体性的一种休闲方式。现代休闲体育运动备受关注,休闲体育也逐渐被纳入到高校的教学体系当中,休闲体育的研究与相关人才的培养也在各国逐渐开展。近些年来,我国学者在休闲体育方面进行了多方面深入的研究。

社会生活的现代化给人们带来便利和机遇的同时,也给人们的日常生活带来了一定的挑战。生产的社会化、规模化与规范化在提升效率的同时,也使得人们的劳动方式单调化,劳动密度增大。在人们工作投入增加的同时,造成了人们生活内容的丧失。因此,现代人越来越重视休闲体育运动,寄希望于这种休闲方式来缓解工作中产生的压力。

长期的工作造成人们产生了压抑与厌倦的情绪,而在生活中又得不到相应的释放,就会逐渐导致人体心理机能的不平衡,最终产生了相应的心理疾病。而且在单调刻板的工作状态中,使人体局部产生了劳动疲劳,如果长时间如此而得不到有效缓解,则可能导致人体相应部位的劳损。现代都市工作的上班族长时间的伏案写作或者在电脑前操作,导致身体运动能力不断下降,造成亚健康的身体状态。处于这种心理和生理状态的人们,无疑渴望着能从单调乏味的劳动中解放出来,希望自身的人生能够实现全面的复归。显然,这种解放和复归只有在他们自己能够自由支配的时间里,通过他们自己所选择的活动方式来最终实现。

休闲体育作为一种具有特别意义的休闲活动方式,通过特殊的渠道更能够让人们的身心获得更为全面的平衡。当人们离开工作任务繁重的车间或者办公室,在运动中进行发泄和放松,在自然中愉悦和畅快,不再承受工作所带来的压力时,这种放松身心的快感所带来的效果是非常理想的。

在日常生活中,除了需要缓解生活以及工作中的压力之外,人们从事休闲体育运动还有很多的动机与目的。经过研究归纳,我们将人们参加休闲体育的动机大致总结为以下几点。

(1)净化情感动机。人们在日常生活中经常会产生一些精神上的压力、心理上的不满或者情绪上的不愉快,通过采取休闲体育运动的方式能够有效缓解这些压力,同时对于负面情绪的宣泄以及心理上的平衡具有积极的作用,有助于使人的心境恢复平静。

(2)报偿动机。在学习、工作和生活中,并不是人们所有的欲求都能得到满足,这种欲求不满会造成人们心理产生一种不满足感、挫败感。这时,可以通过某种休闲体育活动体验成功感和满足感。处于青春期和叛逆期的学生群体在学习中遇到挫折和不顺时,非常容易产生这种动机。

(3)放松身体动机。即为了缓解身体的疲劳与肌肉的紧张,通过某种休闲体育活动来使肌肉松弛,身体获得积极的恢复。

(4)发散精力动机。即希望将自己工作、学习之后剩余的精力,通过某种活动方式继续发散出来。这种动机在精力旺盛、活泼好动的青少年人群中表现尤为明显。

(5)社交动机。通过参与某些休闲活动来实现与他人交往的目的,同时提高自身的素质,实现发展自己对社会适应能力的目的。

除了以上几种主要的、具有普遍性的行为动机之外,有的人参与某种休闲活动则可能纯粹是为了得到某种感官的刺激,有的

第一章 休闲体育概述

人则可能是为了逃避某些社会任务与责任。但就多数人来说,参加各种休闲活动的目的多与上述几种主要动机有关。需要注意的是,人们参与休闲体育活动的动机并不是单一的,有时可能会在多种动机的共同作用下做出选择。例如,很多人在进行休闲体育放松身心的同时也在进行着一些社交活动。

根据生理学的相关研究,消除人体疲劳有两种方式,即积极恢复与消极恢复。积极恢复指的是借助相应的身体运动达到促进新陈代谢的过程,实现恢复的目的;消极恢复指的是自然的恢复方式,不通过运动等方式,而是通过静止休息的方式使人体实现自行恢复。研究表明,轻松适量的积极恢复方法可以起到更好的恢复效果。而且通过积极的身体恢复,人体激烈、紧张以及焦虑的情绪能够得到有效缓解甚至消除。这比单纯的身体自然恢复要更快,恢复状态更加积极。

休闲体育运动的盛行是人们生活水平提高的一个重要标志。作为最有活力、最具发展性的休闲行为方式,休闲体育运动随着城市化水平的不断提高、休闲体育设施以及场馆的不断完善,逐渐成为促进经济发展、提升城市形象以及加强精神文明建设的重要途径。现代休闲体育运动不仅能够使人们在城市紧张的节奏、狭小的生活空间中获取难得的轻松愉快,同时还能够使人们更好地感受自然、体验自然、亲近自然。

城市化进程的加速和社会变革转型的当今社会,人际关系的冷漠成为一个重要的社会问题。在进行休闲体育的过程中,有助于实现人与人之间情感的沟通与交流,使压力得到更好的释放。因此,休闲体育对于城市人群来说是一种重要的生活需要。

现如今,"花钱买健康"的观念逐渐被更多大众所接受,并且人们开始更加愿意为此做出一定的合理消费,这一理念上的转变已经开始贴近欧美发达国家的大众健身意识,成果可喜。小康社会的休闲方式将逐渐以休闲体育为主流。居民消费结构的转换以及消费需求的扩张已成为中国经济高速增长的主要动力。同时,以休闲体育运动为主体的休闲活动也将为我国经济的持续发展做出不可忽视的贡献。

二、休闲体育的特征

(一)休闲体育的参与性

休闲体育运动的实践性很强,它需要人们的亲身参与,同时在进行体育活动的过程中体验并获得某种感受,或者通过自身活动的结果来表达出自己的观点或者理念。没有自己亲身的参与,就不能够从中获得那种所期望的感受,也不能够实现自己的完整表达。有些人将观看体育比赛和体育表演也纳入到休闲体育运动的范畴,并将休闲体育运动分为参与型与观赏型两种。

客观来讲,观看或者欣赏体育的方式应该属于文化性休闲的范畴,而不应该纳入到休闲体育的范畴之中,因为这种方式无论怎样去欣赏体育表演,与杂技、大型综合性演出等并没有多大的区别,虽然这种现代文艺演出中经常会有演员与观众之间的互动,但我们却始终不能认定这是观众在演出。因此,休闲体育运动应该是活动者参与其中、亲身实践的过程。事实上,休闲体育运动所能够实现的各种功能与作用,都是在活动者参与过程中体现出来的。

体验是休闲体育运动参与性的一种重要体现。体验是人类进行感知的一个过程,在这个过程中,人们不断对感知进行处理,需要进行一定的情感投入。体验并不是简单的感觉,而是一种感觉的深化与发展,它需要对某种行为做出有意识的解释,它是与当时的时间与空间紧密联系的精神过程。休闲体育运动正是一种直接的身体体验活动,在人们进行身体体验的过程当中,会产生一定的情感、情绪以及心理体验。

(二)休闲体育的层次性

休闲体育运动的层次性包含了三个方面的内容:一是活动人

群的年龄层次;二是活动内容的难易层次;三是活动方式的经济消费水平层次。这几种层次的划分具有非常重要的社会意义,同时也表现出休闲体育研究的不同视角与内容。

一般而言,不同年龄阶段的人有着各种不同的需求与爱好,这种需求与爱好对于人们体育休闲方式的选择会有直接的影响。少年儿童一般会对一些新奇的个人活动,如滑板、轮滑、小轮自行车等感兴趣;青年群体则对具有一定挑战性和对抗性的活动更加感兴趣,如足球、篮球、网球等;中年人更加注重体育活动的品位和档次;而老年人则喜欢交流互动性较强的活动。通常情况下,年龄因素是体育休闲活动进行分层的主要的甚至是决定性的因素。

内容的难度是完成活动所要求的技术标准高低的问题,这是一些人选择体育休闲活动方式的一种依据。这种选择主要是由活动者对自己运动能力的评价所决定的,运动能力比较强的个人,一般情况下会选择一些技术动作难度较高的运动项目;而个人运动能力自我评价较低者,更偏重于选择那些无须多大努力就能够做到的活动项目。

活动方式的经济消费水平是一种具有显著社会性特征的分层,与个人的社会身份以及阶层的表征具有密切的联系。一些体育休闲活动方式明显属于高消费,这些活动的参与者必须拥有相当雄厚的财力,带有明显的炫耀性消费特征;而另一些体育休闲活动方式则可能对个人的经济情况有一定程度的要求,不仅可以显示出个人的身份地位,同时还能够表现出个人的运动能力;一些人更愿意选择那些不需要太大开销,就可以开心愉快活动的运动项目,他们也没有多余的金钱花费在休闲体育活动当中,所以他们也不在乎自己玩的活动属于哪个层次。

有很多形式的消费,在开始时是奢侈,但是随着社会的不断发展,这些形式会逐渐大众化而成为人们必要消费的一部分。休闲体育运动同样是这样一种演化的趋势,许多运动项目在开始时总是只有少数人才能够参与的活动。在这种情况下,这些项目或者活动完全成为个人身份的一种标志。至少在一定时期内,这样的项目或者活动一般是一定社会阶层所特属的,是具有炫耀性消费特征的休闲活动。例如,保龄球运动在传入中国之初几乎是白领阶层的运动,能不能玩得起首先取决于个人是否具有足够的经济实力。因此,在这段时期,保龄球运动成为一种能够区分社会阶层的活动。随着国内保龄球馆的增多,价格的大幅度下调使得这种活动逐渐走向大众化,其之前所具备的社会区分的作用也就在大众化的过程中逐渐消失,成为一种一般性的体育休闲活动。

(三)休闲体育的时尚性

在经济、文化高度发展的当今社会,参加休闲体育活动已经成为一种社会时尚。一方面,人们进行体育休闲活动能够表明自己与某个社会阶层的平等性等级,另一方面则以此表明自己与另外某个阶层之间所存在的差异。因此,时尚性是休闲体育运动的一种较为典型的特点。人们参与体育休闲运动时的动机、目的、心态、情感等一般情况下会处在舍勒贝格所表述的时尚双重性之中。例如,人们在进行体育活动时,总是要遵守这种活动的规则与方式,但在进行休闲体育运动时,人们却总是不情愿遵守这些活动规则以及相关规范,因为这些东西多少会造成一种文化性的压力,而休闲体育运动恰恰是试图摆脱各种外在压力的一种行为方式。

根据舍勒贝格的理论来分析,参与休闲体育运动的人们和休闲体育本身完全具有现代时尚的几个重要的双重性特征。例如,休闲体育一方面并不在乎物质的和实际的东西,但同时又始终不能够脱离那些具体的东西;人们对于休闲体育的态度也包括了积极参与以及完全无所谓两种对立的情绪;人们总是试图逃避责任,却在休闲体育中必须承担相应的责任,等等。

时尚性是一种社会事物与社会发展的趋势以及社会需求协调统一的表现,人们对体育的需求由于社会物质文明的不断发展而逐渐强烈起来。一方面,作为新时代的青年人不只是时尚的代表,同时也是时代风气的传播者;另一方面,由于青年人充满了青春活力,是"娱乐的先锋"。体育不仅是一种表现其青春活力的载体,同时还能够让他们产生愉悦的情感,形成一种良好的交流与互动,同时还可以宣泄情绪以及发散多余的精力。因此,在现代社会的不同时期,休闲体育一般都会成为青年人的一种时尚。

随着经济社会的不断发展,人们的思想意识也在不断进步,新的休闲体育运动不断被创造出来,并在全球化的社会背景下迅速向全世界范围内传播,逐渐演变为一种全球性的休闲体育运动。在信息高速传播的今天,人们不断接受着新的思想与内容,因此,一种休闲体育运动形式很快会被另一种形式所替代,这种快节奏是社会发展的鲜明特点。

新的休闲体育运动的产生与发展,总是先在少数人当中流行与传播。人们一方面通过参与休闲体育运动以表明自己的某种身份或地位,另一方面则以此表现自己与另外某阶层存在的差异。例如,高尔夫球运动在流行之初被标榜为贵族富人的运动,因此有很多富人都"被热爱"上了这项休闲体育运动。因此,时尚性是休闲体育运动的特点之一。

(四)休闲体育的流行性

流行性指的是某种社会事物具有非常广泛的影响,同时形成了一种时尚性的外在表现,而流行常常是时尚的结果。在现代社会中,由于人们的物质生活和精神生活得到了前所未有的升华,因此,休闲活动已经成为人们生活活动的有机组成部分,而在众多的休闲活动中,休闲体育运动又因为其自身的特点成为人们选择休闲方式中的首选。然而,在现代社会条件下,各种新的体育休闲活动项目不断地被创造出来,由于传播媒体的作用,很多项目都会在较短的时间内向全世界范围内迅速传播,并逐渐成为国际性的体育活动项目,奥林匹克运动会项目设置的不断扩张就是体育运动流行性的典型表现,并表现出明显的流行性特点。

体育休闲运动的流行性主要是从其活动项目的迅速风行于

世而后又逐渐消失中表现出来的。一种体育活动通常会在短时期内在一个地方迅速流行开来,成为人们在进行休闲的时间里非常热衷的活动。当然,与其他具有流行性特征的事物一样,这种或者那种体育活动或许在风靡一时后,又很快地销声匿迹,继而又有另一种让人愉悦接受的新体育项目取而代之。

实际上,休闲体育运动所具有的这种流行性特点完全是由人的自由时间与人性特点所决定的。当人们拥有了大量的自由时间之后,如何支配和利用这些时间便成为人们面临的一个重要问题。体育运动不仅有利于身心健康,同时又有助于消遣时间,自然会成为人们休闲的首选。然而,人们对休闲活动的选择同时也是相互影响的,体育项目的流行机制之一就是这种相互影响作用。人们求新求异的意识是他们不断地放弃旧的活动,追求新的活动的动因所在,这是一种体育项目能够迅速流行起来而后又逐渐消失的原因。当然,周而复始也是社会事物发展的一种具有规律性的特点。休闲体育运动也是如此,可能经过一段时期之后,一个曾经流行而后又消失的体育项目再次流行开来,并被另外一代人广泛地接受,这是一种客观的自然规律。

(五)休闲体育的时代性

休闲体育是在一定的历史阶段、一定的文化背景下产生并逐渐发展起来的。在不同的历史时期,其物质文明和精神文明也各有不同,因而所产生的休闲活动方式也各不相同,体育休闲活动也是应不同时代的要求和进步而演变和发展起来的。

通过观察历史的发展进程可以发现,不管是在什么时代,体育活动总是可以现身于社会当中,成为民众喜欢接受和参与的休闲活动方式。即使是在神权统治之下的中世纪(5—15世纪)的欧洲,也很难抑制民众追求身体游戏的需要,少年儿童始终是游戏的先锋,他们将武士的打斗也变成自己进行身体娱乐的活动形式。当然,休闲体育运动毕竟是社会文明的一种表现,在很多情况下,它与社会科学技术的发展水平都有密切的关系。我们能够看到,如今所流行的体育休闲活动与上个世纪初发生了很大的变化,如今的体育休闲活动常常是与科学技术以及材料革命相结合,而之前的活动更加倾向于进行身体的自然活动。

(六)休闲体育的自发性

自发性是自觉意识的一种体现,尤其是在社会高度发展的当今社会,休闲不再只是劳动之余的一种休息与放松。随着人们自由时间的逐渐增多,休闲已经成为每个人基本的生活权利,成为个人生活的有机组成部分。现代人具有充分的自由意识,人们对自由时间的支配权能够在休闲体育运动中充分体现出来。

第三节 休闲体育的功能与价值

一、休闲体育的基本功能

(一)健身功能

实践证明,在闲暇时间经常进行休闲体育活动是保持身体健康、强健身体的一项有效措施。随着年龄的逐渐增长,人体会出现各种老化现象,随之而来的就是各种疾病的产生。研究发现,动脉硬化在脑力劳动者中发生概率为14.5%,在体力劳动者中仅为1.3%。我国传统的养生学一直都非常强调运动对于人体的重要作用。有研究者对长期参加跑步的40名中老年人进行研究发现,他们的发病率一般都很低,心肺退行性变化推迟10年甚至更长时间。正是由于平时坚持参加适宜的长跑运动,才显著改善了心肺功能,调节了身心。

随着社会的不断发展,"职业病"和"文明病"逐渐增多,人们越来越意识到身体健康的重要性,"生命在于运动"的观念逐渐被人们所普遍接受。在日常的工作生活中,人们开始逐渐重视体育运动的功能与作用,在空闲时间里参与各种休闲体育活动,以此来弥补或消除由于缺乏运动所造成的负面影响。通过参与这些内容丰富、形式多样的休闲体育活动,人们能够获得健康的身体与愉悦的身心,而作为一种能够保持并提高健康水平的体育运动,休闲体育活动是最积极、最有益、最愉快的休闲方式之一。

休闲体育运动之所以不断受到人们的重视,同其自身所具备的特点密切相关。总体来说,我国的竞技体育、学校体育、群众体育的发展或多或少都带有一定的强制性,而实践则要求过去的封闭体育向开放体育过渡、计划体育向市场体育转型。面对这种情况,"终身体育"与"健康第一"的观念逐渐被人们所认可并接受。"终身体育"的理论与观念之所以能被人们广泛地接受,与人们对健康的需求密不可分,它作为一种理论基础,对人们的健身意识具有积极的推动作用。此外,通过人们的实践,休闲体育活动以其趣味性与娱乐性吸引着大众的目光,从而促使人们产生了强烈的休闲体育健身的欲望。

作为一种丰富人们精神文化生活的运动,休闲体育运动具有重要的作用。它能够发散人们多余的精力,消除疲劳;净化人们的情感,缓解心理压力;回报社会,获得更多的成功感和满足感;提高人们人际交往以及社会适应能力等。除此以外,休闲体育活动的内容繁多,形式多样,并不需要有高规格的场地设施与器械,对技术动作也没有硬性的要求,可以进行自娱自乐,也可以与群众互动参与。在参与休闲体育运动时,没有身份、地位的分别,也没有职业、性别以及年龄的分别,每个人都能够从中获得休闲的乐趣,具有愉悦身心的作用。休闲体育运动的参与有助于人们摆脱以工作为中心的单调生活,更好地感受生命的意义与价值,享受生活的乐趣,从而为终身体育的推广和普及创造良好的基础。

(二)娱乐身心功能

休闲活动是人们在闲暇时间里自愿选择与参加的活动。而娱乐则指的是有组织、有益于个人及社会的休闲活动。自我满足、即兴自发的游戏与有组织有目的的娱乐活动刚好是相对的两种休闲形式。休闲体育运动表现出内容丰富,形式多样,富有挑战性、刺激性、新颖性以及艺术表现性等特点,使人们在参与休闲体育活动中,充分享受到体育的乐趣,在表现和施展自身才能的同时,获得身心的愉悦和满足,这是现代休闲体育最重要的功能之一。

二、休闲体育的经济功能

从社会经济学的发展角度上看,社会生产力的发展情况决定了社会价值观对休闲体育的看法。例如,在生产力有限却急需大量工人参与劳动的工业革命时期,休闲一度被认为是有碍于生产力发展的,是一种放纵与浪费的代表。当时,整个社会的经济体制更加倾向于资本积累,而既作为不生产的时间,又作为不必要消费的休闲自然而然成为受谴责的对象。但是随着社会生产力的不断提升,人们早已不满足于单调的生产生活,他们将自身的生活关注点逐渐转移,而资本家们发现了工人的这一思想转变后,为了保持工人的情绪和劳动力构成的稳定,也支持了休闲运动的发展和普及。再到后来,人们逐渐意识到休闲体育产业已经成为当今极具生命力的产业部门之一。从国际经济范围来看,休闲消费占据了很多发达国家家庭消费总额的大部分。作为体育产业相当发达的国家之一的美国,其体育产业总产值在20世纪80年代就超过石油化工(533亿美元)等传统产业,约占GDP的1%,在各大行业产值排名第22位。

如今随着旅游业的不断发展与兴盛,出现了很多以休闲体育为特色的旅游城市,这就为城市开发提供了源源不断的经济动力与支持。吸引更多的体育爱好者前来观光休闲,这逐渐成为休闲体育城市的一项重要产业,同时具有非常可观的经济前景。

休闲体育运动的经济影响力在房地产领域也有所体现。在房地产业再次成为国民经济重头戏的今天,人们购房的选择已经不再仅仅以房价、房屋面积、楼层等硬性指标为固定标准,而是将关注的目光更多地投向了社区的舒适性、方便性以及合理性等方面。在"科学运动,健康生活"这种现代生活新主张的引领之下,对休闲体育设施配套状况的关注也在全民健身运动的热潮中再次兴起,成为住户购房时比较权衡的一项重要因素。由于进行休闲体育运动变得更加方便可行,居民的身体健康状况得到了很大程度的提升,而位于国民消费三大开支之列的医疗费用也随之有明显下降。休闲体育运动已经逐渐成为深入我国大众生活最为普遍的一种社会现象和经济现象,并且不断地广泛传播开来。

需要注意的是,我们应该正确处理休闲体育的价值取向问题,只有将休闲体育运动纳入社会主义精神文明建设的轨道上,从而能够为人们生活质量、精神境界、道德情操的提高以及社会文明的进步服务,才能够切实保证休闲体育向着健康、积极向上的方向不断发展。

三、休闲体育的社会功能

依据社会学的相关标准,西方发达国家早已经步入到后工业化社会,而中国则正处于前工业化社会时期。前工业化时期,人们的生活方式主要表现为忘我工作,紧张学习,闲暇时间被无情地抛弃;而到了后工业化社会,人们就会将更多的注意力用于自我实现,是一个充分欣赏生活的社会阶段。

休闲体育作为从前工业化社会向后工业社会过渡阶段的产物,在前工业化时期中叶发芽并不断成长,继而在后工业化时期实现蓬勃发展,它给社会在物质高度发展的阶段带来了精神上的同步发展。休闲体育运动所代表的是一种积极向上的生活方式,其社会功能在于一定程度地减少了年轻人的暴力行为、吸毒等现象,同时增强了老年人的体力与智力,帮助老人克服孤独感等。目前,我国正处在经济高速发展的时期,经济发展的不平衡性必然会导致一部分城市在较短的时间内完成向后工业社会的过渡。在这样一个过渡时期,休闲体育运动发展的水平应该作为社会发展程度的衡量标准之一,尽可能地将休闲体育纳入到社会主义精神建设的轨道上来,并尽量在和谐社会的发展进程中得到体现。

四、休闲体育的文化功能

从概念上来说,文化分为广义与狭义两种含义。广义的文化指的是人类所从事的各种各样的社会活动,以及在这些社会活动中所创造出的一切成果。它包括人类社会生活的各个层面,不仅包括物质产品,同时还包括精神产品,另外还包括各种社会现象与社会事物等。狭义的文化指的是与精神生产直接有关的精神生活、现象以及过程。它是相对于物质文化来说的一种精神文化,仅仅是指人的精神生活领域。它主要包括三方面内容,即价值观、社会意识或思想、道德。文化是人类特有活动的一种积淀,它具有社会属性的概念,而休闲体育运动是人类社会发展到一定阶段的产物,是一种特殊的社会文化现象。

人们的休闲时间也可以说是一种资源或者财富。人们所从事的休闲体育活动,是人类创造性的发展,是人本质力量的证明以及人本质的一种充实。从经济学角度来看,只有不断提高人的素质这一生产力中最为重要的因素,才能从根本上促进生产效益的提高。

社会文化生活的内容是丰富多彩的,而休闲体育作为社会文化的一种形式,更具有文化的韵味。休闲体育运动不仅仅在于满足人们娱乐性与消遣性的需求,满足对美的需求,同时还能够满足自我发展的需求。休闲体育运动为人们的精神文化消费提供了更为丰富的内容与形式,是人们社会生活中的有机组成部分。人们越是有更多的休闲时间,就越需要理智,需要正确的引导,否则就会给社会带来一些不必要的负担。例如,社会上发生的一些由于休闲所导致的孤独、自杀与犯罪,由休闲而产生的失落感与愧疚感,进而导致心理状态的失衡等情况,这些都是因为休闲生活的内容不充实、简单无聊所造成的。因此,休闲体育运动的不断普及与发展,对于社会良好风气的形成具有重要的推动作用。休闲体育运动非常注重休闲内容的丰富性与趣味性,强调迎合大众的口味,而其运动本身又是人类健康身体的自然需要,在活动过程中又能够让氛围更加轻松和睦,充满了和谐。因此,休闲体育运动不仅有助于提高人的整体素质,同时还对精神文明的建设具有重要的推动作用。此时,休闲体育运动就表现出一种强烈的文化功能。

五、休闲体育的教化功能

休闲体育运动的教化功能主要是指它对人的思想和行为的引导具有非常积极的作用。现代休闲体育运动包含很多的内容,它不只是一种单纯的娱乐性活动,更是一个个体进行自我学习与完善的教育过程。

个体在进行休闲体育运动的过程中,不仅能够学到休闲体育运动的相关技术,同时还可以发展体能、培养人际交往能力、增强自信心、培养协作精神与竞争意识。此外,在参与休闲体育运动的过程中,人们还能够汲取到相关学科的知识,有助于身心得到充分自由的均衡发展,从而实现自我的完善与发展。

在未来一段时期内,休闲体育运动的教化功能还将继续影响不同年龄阶段的参与者。随着我国体育事业的快速发展,我国普及休闲体育活动的条件已经初步形成。一方面,中老年人对掌握一门健身娱乐的运动方法来充实自身闲暇实践的需求逐渐增大,另一方面,中青年人更为迫切地需要通过休闲体育运动这种方式来缓解日常工作生活中的紧张与烦恼。休闲体育运动以其特有的身心复原作用与经济学价值在其中发挥着很大的作用。总而言之,休闲体育运动将以培养人类健康身体的方式来提供更多的快乐与享受,它是人们未来享受生命的重要方式之一。

第四节　休闲体育的发展现状与未来走向分析

休闲体育在我国的发展势头可谓非常迅猛,这种良好的发展态势主要得益于人们越发强烈的健康意识以及对于时尚的追求。鉴于此,对目前我国休闲体育发展现状进行研究就显得很有必要,这种研究有利于对未来发展趋势做出准确的判断。

一、休闲体育的发展现状

(一)我国休闲体育的发展现状

1. 人们对于休闲体育运动越发喜爱

现代人们的健康意识与以往相比已经有了较大的改变。在物质生活较为富足的情况下,人们更关注自身的身体健康和心理健康,特别是在当今这种高节奏、快速度的生活和工作压力下,保持身体健康无论是对现在还是未来几十年的生活质量都是非常重要的。随着健康意识的不断加强,人们开始对休闲体育观念越来越重视,人们的体育健康消费意识也日益增强。在紧张工作之余,人们开始乐意在休闲、娱乐、健康等方面进行消费,以此来缓解工作中的紧张情绪和压力,也通过各种休闲体育项目来提高自己的生活质量。当然,这其中也包含了对时尚运动的热衷。不仅如此,人们也更加对休闲体育消费逐渐认可,在此基础上能够有更好的运动体验,如使用条件更好的场地和器材等。

2. 休闲场馆与设施逐渐完备

随着我国全民健身思想的不断深入,在中央、地方政府以及社会各界的倡导和帮助下,许多大型综合体育场馆、休闲设备等都得到了长足的发展,使人们的休闲体育环境有了很大的改善。据有关方面统计,2010年至2015年,国家体育总局和地方政府先后为全民健身工程投资300多亿元,在小区、公园、广场、学校、街道等公共场所新建、修复体育场地及器材总数20 000多套,其中75%供群众无偿使用,9.6%为象征性收费,15.4%按市场价格收费。这与我国纵向比较的进步是飞跃性的,但与发达国家相比,这些体育资源的投入还是有较大差距的。

3.休闲体育得到教育的重视

鉴于休闲体育的诸多价值和功能,以及它的普适性,将休闲体育运动引入校园,作为体育教学的内容是大势所趋。教育对休闲体育的重视主要在于休闲体育所蕴含的教育性、健身性和益智性。"玩"是人类最基本的需要,也是学生和青少年的天性。因此,对于这种天性要好好利用,力争通过"玩"让学生体会到更加深刻的立意,从玩中强健身体,学会与人沟通和与团队配合。目前,在一些体育院校或大专院校的体育系中已经创建了休闲体育专业的课程,它将为我国培养出一批研究、指导和经营休闲体育的人才,以此来适应社会对休闲体育人才的需要。

4.休闲体育内容的多样化

当前我国休闲体育得到了快速的发展,在内容上,它以传统项目为基础,并对其进行大胆的创新和拓宽,不仅有武术、气功、游泳、跑步、下棋、徒手操等不需要花太大经济投入、简便易行的传统项目,也有需要一定专门场地、设施,需要一定经济投入的现代体育内容,如家庭健身器械、网球、保龄球、高尔夫球等。另外,许多追求时尚的体育爱好者也开始引进西方的休闲体育活动,如冲浪、登山、跳伞、热气球、蹦极和高空走索,通过这种惊险、刺激的活动,来实现对自我和大自然的挑战,张扬出自己独特的个性。对应内容的多样化,自然在休闲体育产业中也不会缺少多样化配套装备的商品,如登山有专业登山鞋、跳伞和热气球项目有专门的高空保暖服、网球需要一把好的网球拍,等等。因此可以说,休闲体育内容的多样化内涵较为丰富。

5. 参与人员的分层细化

近年来,不同休闲体育活动的参与者表现出了一定的阶层化。通过研究不难发现,这种层级主要与休闲体育运动的资源匮乏程度和参与所需经费的多少有较大关系。例如,有稳定经济收入和余暇时间的社会管理层人员,他们大多会选择群体性、娱乐性较强的休闲体育项目,一般在公共健身场所活动;白领高薪阶层人员有金钱和余暇时间,大多愿意选择像高尔夫球、保龄球、赛马等高消费的活动项目以及相对静谧的活动场所;蓝领阶层人员受限于经济实力,往往会选择那些花钱少、简单易行且实效的项目和场所;老年离退休阶层人员有稳定的收入和时间,并具有强烈的健身需求,他们一般选择的休闲项目为散步、门球、太极拳等有氧活动,其活动场所大多会选择在一些公共场所,如社区、公园等。

不过,随着社会物质越发丰富,以往高端人士参加的休闲体育运动也有更多的蓝领阶层参加,如一度在我国较为高端的网球、保龄球、高尔夫球、壁球等运动,在如今蓝领阶层人士中也可以适当性地尝试与体会。这样,参与休闲体育的人员的分层细化的边界开始变得越发模糊了。

6. 活动领域的自然化

现代都市的生活压力较大,人们长期在高压力、快节奏的生活中奔波必然会对自身的健康状况和心理健康带来破坏。人类必定是一种属于自然界的"动物",因此只有重新回归自然,才能找寻看似已经失去的本我。现在,越来越多的都市人群开始重新审视这个问题,为了放松身心,他们渴望暂时离开喧嚣的城市,回归自然,感受人与自然的和谐,这是一种非常理想的积极性身心恢复方式。因此,休闲体育活动中的登山、攀岩、飞伞、热气球等活动成为人们远离闹市、融入大自然的首要选择。

(二)目前休闲体育在我国发展所存在的问题

1. 大众对休闲体育的认识还不够深刻

尽管经过大力宣传和推广,到今天已经有更多的人知道和了解休闲体育,但总的来讲,这一比例还处于低级阶段,人们对于休闲体育的认识也仅仅是认为这类运动主要是一种放松与娱乐,此外对它其他的价值、功能等认识就较为匮乏。而且经济发达地区的人们对休闲体育的认识较经济欠发达地区的要深刻一些。因此,为了进一步扩大休闲体育的影响力和知晓度,今后还需要在宣传方面投入更大的力量。

2. 休闲体育场所、设施及服务出现滞后现象

近年来,在我国大力提倡"全民健身"的理念下,包括休闲体育场所、设施在内的许多大众健身配套设施得到新建和完善。不过需要明确的是,相比于发达国家标准,我国在体育资金的投入、运动场馆和器械的建设方面还存在较大的差距。特别是人均体育场所和设备的数据仍处于低级水平。要想更快地发展休闲体育,足够的活动场所、设施以及配套服务的建设与完善是非常必要的。否则,在没有这些物质实体作为发展保障的话,发展休闲体育就好比空中楼阁一样难以建成。

3. 休闲体育产业的发展缺乏科学的管理

随着休闲体育运动在我国的蓬勃兴起,许多资本都被投入到了这一领域。一时间,与休闲体育相关的产业都获得了较快的发展,这是非常可喜的局面。然而,相比于休闲体育产业的整体发展速度而言,与之相关的配套管理的发展步伐仍旧较慢,如此就使得休闲体育市场的管理较为混乱,部分从业主体鱼龙混杂,各种休闲体育营销和服务标准不一。近几年,投资休闲体育产业成为我国产业发展的热点,但由于缺乏相关管理部门的统一调控,很多项目没有正确把握市场的需求,一哄而上,结果造成项目结构失衡,有些项目供大于求,造成行业内部的恶意竞争,使资源严重浪费,经济效益低下。长此以往必定阻碍我国休闲体育产业的发展。

二、我国休闲体育的发展趋势

研究休闲体育的现状情况可以更好地发现休闲体育的发展实际如何,找寻其中的优势与不足,对优势进行巩固和升级,对不足进行改变或完善,这都是事物发展的动因。通过我国休闲体育文化的现状以及参考国外休闲体育的发展,明确我国休闲体育的未来发展趋势。主要有如下方面。

(一)休闲体育研究工作更加深入与广泛

在人们的健康生活方式中,休闲体育已成为一个不可或缺的部分,人们可以通过参与体育或观看体育赛事来充分体验体育所带来的益处。对于休闲和休闲体育的研究,欧美等发达国家积累了较丰富的理论与实践经验。近年来,国外休闲研究书籍也逐渐被介绍到国内,并有许多学者开始了这方面的研究。休闲体育也不再是一个陌生的词汇,人们开始接受休闲体育所带来的不同生活体验,它也成为了使全体大众都受益的体育活动。休闲体育作为专门研究领域的价值和必要性将逐渐被人们所认识。群众体育、社会体育、大众体育等字眼将会被休闲体育所代替。休闲体育的研究内容将更加广泛、深入、系统、细致、实用,它不仅研究体育活动的参与者,同时还要研究体育比赛的观看者。并且在很多方面都开始了更加专业化的研究,如休闲体育的概念、休闲体育的政策、休闲体育的服务、场馆设施及其维护、休闲体育人才的培养及管理、休闲体育市场的开发、休闲体育项目的设计与评价、休闲体育与环境和经济的关系等。随着休闲体育研究的不断深入,休闲体育对于社会和个人发展的价值也会逐步被大众所认识。人们将从更高的层面上来认识休闲体育,将它看成是人们生活质量的体现以及社会进步的体现。这对于提高国人的健康意识、休闲意识,改变我国的经济繁荣与人们健康退化如影相随的局面,起着重要作用。

(二)休闲体育与全民健身相结合

早年间由于历史背景和其他方面的需要,我国的体育运动发展计划主要以竞技体育为主,力求通过举国体制,最快最集中地培养出一批世界级顶尖体育精英,在国际上打造不可被忽视的体育大国形象。在这种理念下的确获得了许多卓越成就,不过随着时代的变迁,我国国力的不断增强使得我们不再像过往那样期待以体育作为突破口展现国家形象了。与此同时,人民更加关注自身的身体健康,国家也将体育发展的重点放到了提升全民体质之上,致力于将体育大国向体育强国转变。为此,在20世纪90年代中期国务院颁布了《全民健身计划纲要》,时至今日,这份纲要已有20余年的历史,在政府的推动下,我国的全民健身运动取得了较大的发展。随着人们生活水平的提高和余暇时间的增多,休闲体育将为全民健身运动的开展提供更大的发展空间,其主要表现为以下两种形式。

1.组织形式的多样化

近些年来,我国政府非常注重对全民健身运动的扶持,制定了一系列相关政策作为保障。通过对社会文明发展进程的分析可以知道,群众性体育的组织形式应该是一种多元化的存在,各种不同组织形式的存在会根据时代的发展而发生变化。

2.活动内容的丰富多彩

到2017年的今天,我国体育人口选择体育活动项目的前几项为散步、跑步、羽毛球、乒乓球、篮球和足球。不仅如此,诸如以前较少出现的保龄球、网球、台球,甚至是壁球、沙壶球等时尚休闲体育项目也出现在了人们的生活中。这意味着休闲体育的发展,极大地增加了全民健身活动内容的选择空间,从参与体育活动到观看高水平比赛,从原来单一的跑步形式逐步扩展到球类游戏、爬山、游泳、保龄球、健身操、极限运动等多种形式。

(三)北京奥运会促进了我国休闲体育的快速发展

2008年北京奥运会的成功举办将我国的体育事业推向了顶峰,同时这也为我国的全民体育发展提供了一个良好的契机。这一重要体育赛事大大提高了人们的体育参与意识和对体育运动的热情。休闲体育作为西方国家重要的体育健身理念必然会对我国的全民健身活动产生积极的影响。为此,引入我国的休闲体育运动要与国情相结合,要和人民群众的根本体育需要相结合,以期在休闲体育的管理模式、服务系统、项目规划、组织形式上的研究得到前所未有的发展。

(四)休闲体育带动相关产业的快速发展

现如今,休闲体育已经成为人们生活中的重要组成部分,在全民健身活动中起到重要的作用。越来越丰富的休闲体育内容也带动了与之相关的其他产业的发展,从而形成了一个以服务参与休闲体育运动的休闲体育产业链。围绕休闲体育而来的整个体育消费的数量也将会因参与休闲体育人数的上升而出现递增的现象。经统计得出,美国、日本、意大利等体育产业较为发达的国家的体育产业总值均可排在本国的前10位,其中休闲体育产业的比重相当之大。

相比休闲体育产业发达国家,我国还处于初始阶段,不过在人们积极参与休闲体育的热潮中已经可以看到光明的发展前景了。随着休闲体育在我国的不断发展,参与休闲体育活动人数的不断增多,休闲体育产品的需求量将会进一步增加,由此必然会带来相关体育产业的快速发展。休闲体育产业的发展一方面可以带来新的经济增长点,另一方面,休闲体育产业还需要相应的人员从事体育营销和体育服务,这也为休闲体育从业人士增添了就业机会,为我国社会经济发展和和谐稳定做出了一些贡献。

(五)休闲体育与学校体育的结合

近年来,我国教育部门对学生进行的多次体质监测的结果表明,我国学生的体质健康状况连年下降,其中耐力、肺活量、弹跳力、柔韧性及心理抗挫能力等指标数据下滑严重,眼睛近视率居高不下,甚至有上升势头,且近视已经向更小年龄段的学生蔓延,超体重肥胖学生比率也不断升高,学生的体质状况令人担忧。

究其原因是多方面的。深化素质教育减轻了中小学生的课业负担,也使得学生在学校学习以外的时间不断增加,然而实际的调查却发现学生增加的课余时间并没有参与到包括休闲体育运动在内的体育健身中去,而是被更多的课外补习和艺术培训所占用,亦或是将这些时间用来上网、玩游戏等。这些都对学生的身心健康成长产生了不利的影响。学生健康积极的休闲能力与健康成长的个人需求和社会需求相脱节,这一颇具共性的教育和社会问题开始受到社会的广泛关注,而休闲体育在解决这一深化素质教育中出现的发展性问题有着独特的教育和社会价值。休闲体育的娱乐性和教育性等本质属性非常契合学校提倡的素质教育理念,学生参与到休闲体育运动当中实际上也是一个学习的过程。

在今后的学校体育发展中,增强学生的体育休闲能力应该成为"以学生发展为本""健康第一"等新教育理念的拓展和具体应用路径,从而对学生的全面协调发展和健康成长有很大帮助。为达到这一目标,应从以下方面着手。

(1)学校开展的体育教学应将培养学生对体育运动的兴趣作为宗旨。要明确的一点是,学校体育教学,运动是一种手段,体育项目是一种形式,而通过体育锻炼培养出学生强健的身体才是根本任务。将体育活动目标形式等各个方面与学生的身心特点、兴趣爱好结合起来,使学校体育教学成为激发和引导学生体育兴趣的途径,学校体育也成为促进休闲体育发展的基础。

(2)建设更多的公益性休闲体育场所。休闲体育场所的存在是开展休闲体育活动的基本保障。首先就是要确定场所的存在，其次才能使场所吸引那些热爱运动的学生参与进来。另外需要注意的是，对于没有经济收益的学生来说，休闲体育场所不应过于注重盈利，或者说应该对学生给予一定的优惠，否则，高昂的场租费用会打击学生的参与热情。为了解决这个问题，还可以通过挖掘社会公共教育机构场所的校外教育潜能的方法，探索社会主义市场经济环境下的公共教育场所的管理模式，积极发挥其社会公益价值。

第二章 休闲体育文化的内涵解读

休闲体育作为体育运动新的发展领域,近几年来得到了非常快速的发展,并形成了自己独特的休闲体育文化,在发展过程中其文化内涵也在不断得到丰富。本章就休闲体育文化的内涵进行探讨。

第一节 休闲体育文化内涵的三个层面

休闲体育文化内涵的三个层面主要是指物化层面、价值观念层面和制度规范层面。本节主要就这三个层面展开阐述。

一、物化层面

休闲体育文化的物化层面有着非常丰富的内容,具体有以下两个大的方面。

(1)人造物。人造物主要是指为了使体育活动项目顺利开展,人们建构的场地器材、硬件设施等。对人造物的命名主要是以其功能与作用为依据,如球场、体育馆、球杆、球拍、球等。

(2)自然物。这里的自然物指的是被改造后的自然物,而非纯自然物。改造自然物主要是为了满足参与体育活动的需要。常见的自然物有滑雪场、高尔夫球场、游泳池、漂流场等。

体育的形成离不开人类运动本能,同时也需要经过社会化改造,体育是由二者组合而成。在人类的社会实践活动中,文化的物化形态通过体育这一方式被完美地体现出来。人们在参与休闲体育运动的过程中,在自然世界和人造世界中对自己的有机体进行改造,从而对物态文化的成果加以体验与享受。与此同时,人们在参与过程中也在对体育物态文化进行改造。

二、价值观念层面

人们的休闲观念与体育观念是休闲体育文化价值观念层面的主要内容。当人们在了解与认识休闲体育的功能与作用时,也包括人们对休闲体育价值的理解。下面主要从三点来阐述休闲体育文化价值观念层面的内容。

首先,人们参与休闲体育活动,这是将自己对体育的态度与看法通过实际行动表现出来的主要方式。人们如何看待体育的意义、价值及功能能够通过直接参与的行为反映出来。

其次,人们通过参与休闲体育,能够表现出自己对不同休闲方式的倾向性。

最后,人们在参与休闲活动的过程中,不仅能够使自己对体育的了解不断加深,而且能够充分发挥自身的主观能动性,对休闲体育的价值体系进行积极的挖掘与构建,从而使休闲体育的功能不断得到强化与发展。

三、制度规范层面

社会制度规范体系的特点也能够通过休闲体育多角度地表现出来,具体如下。

(1)社会对人们的行为的评判倾向、社会对余暇时间的规定以及社会劳动生产制度和社会发展的水平等都可以通过休闲体育文化体现出来。

(2)社会中每个公民对休闲体育的参与都必须履行一定的准则,体育法规便是公民这一休闲行为的最高法律规范准则,同时体育法律也可以保护公民的参与权利。

（3）为了使人们参与共同活动的权利得到保障，不同的休闲体育活动项目都有属于自身统一的活动方式和规则要求，这有利于规范人们的参与行为。

（4）很久以前，人们就在休闲活动中融入了体育活动这一运动性的休闲方式。在每个人看来，体育活动本身就是一种行动，这一行动主要包括的内容有以下两点。

第一，表现出人的自然属性，即以人的特殊方式进行运动并且满足着人的本能的运动需求。

第二，休闲活动的运动方法大都已经经过了社会化处理，人们能够通过参与其中来满足自身的其他社会需求。所以说，休闲体育文化是一种社会文化现象。与此同时，人们在闲暇时间参与不同的休闲活动正体现了其价值倾向。

第二节　休闲体育与休闲论

休闲已成为现代社会与人们生活息息相关的领域。作为休闲生活的重要内容，休闲体育活动是休闲活动的主要形式之一。由此可见，休闲体育与休闲有着非常紧密的联系，要想研究休闲体育的文化内涵就必须从休闲视角进行考虑。本节主要就休闲体育的休闲理论进行研究，内容包括休闲的不同层面研究、休闲的主要效益表现以及现代生活中的休闲体育。

一、休闲的不同层面研究

休闲指的是在相对自由的条件与环境下，人们以一种随意状态和心境从事某种自己喜欢的活动。

休闲是人类社会中一种古老而重要的活动形式，它已经成为反映人们生活水平的重要指标，成为经济学、社会学、旅游学、应用学等众多学科共同关注的研究领域，有关专家从这些学科出发对休闲理论进行了深入的研究。

(一)经济学层面的研究

经济学家从经济学的角度对休闲进行了一系列的研究,根据这方面的研究成果,我们可以从以下几方面来理解休闲。

(1)休闲是人们在工作之余进行的活动,只要人们有工作,那么即使在家休息也可以称之为休闲。

(2)货币是现代商品社会中衡量价值的基本单位,人们在工作之外的,甚至在工作之中的休闲都会产生一个机会成本问题。

(3)许多人是在有一定工作收入的基础上进行休闲的,虽然失去了更多获得收入的机会,甚至还要向提供休闲活动的机构或者个体支付货币,但是他们却可以从这些休闲活动中得到精神上的满足,从而使他们以更加饱满的精神风貌投入到工作中,创造更多的财富。所以,休闲的价值是无法估量的。

根据以上理解,经济学家从经济学的角度对休闲重新进行了解释:休闲就是人们放弃了一定的时间和金钱而换取的休息、放松和精神消遣的行为,通过有形或者无形的价值消费而获取的个人心理效用的最大化。

经济学家还对休闲的效用进行了研究。他们指出,休闲者如果重复进行某一种休闲活动,就会产生厌倦感,休闲的效用就会降低,但通过有效的休闲组合就可以产生"1+1>2"的效用,休闲效用与休闲时间的间隔、工作压力都是成正比的。

经济学家们还分别从收入、价格、时间和偏好等方面对休闲的条件进行了研究。对休闲者来说,如果没有收入,休闲就无从谈起,社会生产力的发展及社会财富的积累对休闲具有根本的影响。同时,休闲活动的价格也对休闲具有重要的影响。另外,只有在充足时间的保障下和强烈休闲欲望的支配下,人们才能真正地进行休闲。

(二)社会学层面的研究

19世纪开始,许多社会学家就从人性的角度对闲暇的形成机制进行研究,后来逐渐发展到对休闲活动的能力动机和激励寻求进行探究。但是,休闲的社会学研究大多是在生活时间结构研究的基础上对居民的休闲时间进行的相关研究,很少涉及休闲这一日常活动,最终研究的落脚点往往在居民的生活方式和时间利用上,所以这些研究在居民的休闲活动方面缺乏全面而深入的认识。另外,在传统的研究中很少涉及空间问题,与区域规划及城市规划的联系并不密切。所以,在政府及城市规划如何引导居民利用与享受休闲时光时,这些研究难以提供政策性依据。

在社会学研究中,有的学者就闲暇对人性发展和自我实现的价值进行了专门的探讨,强调了休闲可以使人们对自己重新进行定位;有的学者根据闲暇的功能提出了休养生息理论、平衡补偿理论、解放理论和划分理论等多元化的理论。但大多数学者是以社会生活时间结构变化引发休闲时间结构变化为核心而进行研究的。许多社会学家研究人们如何对8小时工作时间之外的其他时间进行自由利用,他们不仅对不同阶层的休闲文化及休闲方式进行了研究,还对一些滥用自由时间的消极休闲方式给予了重视,希望这些研究能够为人们有效地、健康地利用休闲时间提供依据与指导。

(三)旅游学层面的研究

旅游学家从旅游的角度对休闲进行了研究,这些研究尤其是旅游地理学家的研究重点考察了居民休闲活动的空间因素。但是,对于大部分旅游地理学家来说,旅游空间就是一种流动的空间,所以和地理空间的分异规律相比,旅游空间结构模式中的"流"要素就显得更加重要了。旅游地理学家对休闲的研究更多的是关注中长期时间尺度、中远距离尺度上的居民外出休闲行为,以及社会经济因素对人们出行能力的影响。这些研究的主要内容包括旅游者的旅游决策行为、目的地选择、在空间中的流动规律等。在这些方面的研究中,研究人员对长距离和大尺度的旅游行为的关注远远超过对人们日常休闲活动的关注,对旅游"流"的关注也比对空间结构本身的关注要多。但是,休闲作为现代人们生活的重要组成部分,其重要性更多地体现在人们的日常休闲活动中。以上这些研究严重忽视了人们的日常休闲活动,没有从生活方式的整体角度对旅游活动做出解释。因此,人们通过这些研究无法准确认识旅游者的行为机制。

(四)应用学层面的研究

现代社会,人们的工作节奏不断加快,生活压力也逐渐增大,精神上的疲倦远远大于体力上的劳累。所以,休闲活动已成为人们进行精神调节的有效方式。那么,如何有效地参与休闲就成为人们普遍关注的问题。休闲行为教育研究提出,要重视休闲教育,明确休闲的责任和义务,引导人们科学利用休闲时间。休闲产业发展研究提出,要加强对休闲、休闲产业等的研究,休闲产业的发展与相关休闲产品的开发要具有层次性,要兼顾不同个性人群的休闲需要。休闲文化保护研究提出,要勇敢面对农民及少数民族的休闲生活,保护好民间和少数民族的优秀传统休闲文化。

二、休闲的主要效益表现

休闲的主要效益集中体现在教育效益、社会效益以及综合效益等几方面,具体见表2-1。

表2-1 休闲的效益

休闲的效益	主要表现
教育效益	促进学习进步
	促进心理健康
	发展个人的品质与人格
	提高创造力与自我表达能力
	增加自信心和成就感
	促进自我成长与自我界定
	发展人际交往能力

续表

休闲的效益	主要表现
社会效益	摆脱俗世的烦忧
	防范反社会行为
	发展社区礼仪
	陶冶个人品性和道德
	启迪人生观和世界观
	提高工作效率
	提升和愉悦精神
综合效益	休闲时间的增多、休闲消费的增加促进了旅游、运动业等休闲实业的发展
	提高工作效率
	提高自我意识,促进全面发展
	培养积极进取的品质,降低犯罪率
	书法作画、棋艺、运动健身等休闲活动可以使人们得到工作之外的满足

三、现代生活中的休闲体育

休闲是一个由多因素组合的共同体,这个共同体中包含了一段闲暇、一种愉快心境、一种娱乐活动。休闲与体育活动之间有着非常密切的关系,休闲的存在与发展离不开体育活动这一休闲形式。可以说,凡是休闲活动中的身体运动,基本上都可以看作是休闲体育娱乐活动。所以,新时期人们的生活方式中逐渐融入休闲体育娱乐活动是社会发展到一定时期的必然要求。

现代社会有一个极其普遍的现象,即人们有了越来越多的闲暇时间,这一现象的出现标志着社会文明的发展已经达到了一定的标准。全世界不同国家与民族的人对于休闲都有共同的需求,不同人对休闲的需求又有一定的差异。然而,并不是各种各样的需求都可以轻易实现,或者各种需求实现的程度并不都是统一的,这主要受时间与环境条件的影响。休闲体育娱乐活动融入人们的日常生活中已经成为世界大多数国家的潮流,发达国家在这一方面已经为发展中国家做出了良好的表率。早期,人们大部分都是在受教育阶段参与体育活动,其余时间很少参加。但是现在人们已经将休闲娱乐活动作为自己生活中不可缺少的一部分,作为自己娱乐健身、保持健康的一个重要途径,所以人们参与休闲活动的积极性也在不断提高。

休闲包含十分广泛的内容,而且具有深刻的意义,对个体与社会的发展都会产生极大的影响,这些都是休闲受社会强力因素影响的结果。现阶段,闲暇时间增加,社会以休闲为中心,在这样的环境下,社会与个体的休闲质量必然会受到很大程度的影响。丰富的休闲体育娱乐活动有利于人们对闲暇时间的高效利用,也有利于人们生活方式的不断改善。现在人们很注重为自己的健康投资,而参与休闲体育活动就是众多投资手段之一,可见休闲体育活动的价值已经得到了人们的认可。

对休闲生活的良好适应有助于促进个体享受高质量的生活。高质量的生活通常被描述为有效的、有意义的、富有的、有趣的生存,这种生存基于人的享受感、满足感、履行感和自由感。休闲体育正是表达了这样一种价值观,它基于人们的身体、精神和社会的安康;基于最崇高和最久远的人类友谊、和平的价值观念,不阻碍别人对幸福的追求,因而得到了广泛认同。

我国人民的生活水平正在不断提高,待生活水平与生活质量提高到一定程度后,休闲体育将不再单纯的是学校的体育课,也不仅仅是简单的竞技性比赛,而是成为人们生活中举足轻重的休闲娱乐必需品,成为人们安居乐业的基本条件。

第三节 休闲体育与健康论

体育活动既是促进人们身心健康的主要方式,同时也是影响人体健康的重要因素。休闲体育在健康促进方面同样具有重要的功能。本节从健康的角度来对休闲体育文化内涵进行探讨,重点对休闲体育与健康的关系进行阐析。

一、现代健康的新概念及内涵

（一）现代健康的新概念

现阶段,健康的概念已经不再只是传统意义上的身体没有疾病。对于现代健康的新概念,世界卫生组织将其界定为:健康并不是单指一个人身体没有疾病或虚弱现象,而是指在身体、心理、社会与自然和谐统一的完美状态。也就是说,一个人只有在身体、心理、社会适应三个方面都处于完美状态才能算是真正的健康。

（二）健康的内涵

从上述健康的新定义来看,现代健康的内涵更加广泛和多元,它同时包含生理、心理和社会适应性三方面。下面从这三个方面来阐述健康的内涵。

1. 身体健康

身体健康也称"生理健康",具体指的是身体各个结构处于正常状态,各功能可以正常发挥作用,生活自理能力良好。

2. 心理健康

心理健康具体指的是人们能够对自己进行正确的认识,将自己的心态及时调整好,能够以积极的心理状态面对外界变化,快速适应外界环境的变化。心理健康具有广义和狭义之分,狭义的心理健康指的心理未出现忧郁、烦躁、易怒等障碍及问题,广义的心理健康除了包括狭义心理健康的概念外,还包括拥有良好的心理调控能力和心理效能的发展能力等。

3.社会适应良好

从一定程度来说,社会适应能力也是判断健康的重要指标。一个人如果拥有良好的社会适应能力,就可以在与社会接触的过程中表现出良好的心理状态与积极的社会行为,能够正确、清晰地认识社会现状。社会适应力强的人同时具有远大的理想和抱负,这些理想与抱负是切合实际的,可能实现与完成的,而不是天方夜谭,他们的理想是基于现实又高于现实的。社会适应性良好的人可以坦然面对生活中的困难与挫折,能够通过积极思考与准确的行动来解决问题,迎接挑战,战胜挫折,实现自我价值。

综上,现代健康的内涵具有全面、广泛与多元的特点,涵盖生理、心理以及社会适应三个重要方面。这三个方面又是相互影响、相互促进的。一个人生理与心理的健康状况对其社会适应性具有决定性的影响。身体健康以心理健康为精神支柱,心理健康又以身体健康为物质基础。一个人如果在心理方面能够保持良好的情绪,就能使生理功能同样处于良好状态。反之,如果情绪状态较差,那么就会影响生理功能的正常发挥,从而导致疾病的产生。有些心理问题的出现也是由于身体状况不稳定而导致的,有生理缺陷、疾病的人通常会表现出一些不良的情绪,如焦虑、烦恼甚至抑郁等。人的身心的统一,身体健康与心理健康是互为影响、密切相关的,因此要注意身心的和谐与健康,从而促进社会适应能力的增强。

二、休闲体育与健康

(一)现代休闲的健康需求

1.休闲时间需要体育运动

在社会生产力发展较为落后的时期,人们需要付出自己的体力劳动才能完成工作。从这一角度来看,以前人们的身体运动并不是在闲暇时间参与的活动。当前,社会生产力大幅提高,人们在不耗尽全部体力的情况下也可以完成工作,人们付出的脑力要远远多于体力。人们节省了大量的体力后,不易感到疲劳,而且生活的舒适度也随之提高了,但这也同时导致了一些病症的出现,如"文明病"等。科学适量地进行身体运动可以有效预防"文明病"的产生,能够全方位促进人们的身心健康。因此人们可以利用闲暇时间来参与体育活动,以免身体出现疾病。不同的运动方式会对健康产生不同的影响,适量的走、跑等运动方式都可以促进健康,但体育运动方式是丰富多样的,并不局限于走、跑等最为基础与简单的形式。在上班时间进行休闲运动必然不妥,所以,人们就会将休闲体育锻炼活动安排在闲暇时间里。利用闲暇时间锻炼身体现在已经成为一种时尚。

2. 现代休闲生活需要健康的休闲内容

随着后工业时代的到来,在影响人们健康的众多因素中,休闲的价值与功能日益凸显。利用休闲参与各种体育运动成为人们提高身体素质和健康水平的理想渠道。同时,人们利用闲暇时间参与体育运动,能够使大脑放松、心理轻松,这对于心理素质的提高也是十分有利的,身心健康发展对于工作效率与质量的提高具有重要的促进作用。人们在对休闲体育项目进行选择时,一定要考虑休闲的内容是否健康,因为休闲内容健康与否直接影响身心健康水平。以前,人们在休闲时间里主要通过听音乐、读书或者散步等方式来达到放松身心的目的。但是,随着现代经济的发展和时代的进步,电视、电脑等现代化设备进入每个家庭,人们在闲暇时间不愿出去活动,而是通过看电视或者上网来放松自己。殊不知,这看似放松身心的行为也会对人体造成危害。

社会发展水平如何,一定程度上能够通过人们休闲生活的内容形态表现出来。在现代社会生活中,人们休闲生活的内容形态丰富多样,阅读、文化活动、运动比赛、户外娱乐等都是人们在闲暇时间可采取的休闲方式。

第二章　休闲体育文化的内涵解读

物质需求是人们的基本需求,当这一需求得到满足之后,人们就会寻求更高层次的需求,即精神需求。现代社会的发展水平基本上已经使人们的物质需求得到满足了,因此人们开始对精神需求有更多的渴望。人们要想提高自己的生活质量、改善生活方式,想健康长寿,想在社会发展中贡献自己的力量,首先必须促进自身素质的全面提高与升华,必须对科学健康的休闲观念进行确立,进而通过参与健康的休闲体育运动来使自己的精神需求不断得到满足。

(二)休闲体育促进健康

休闲体育促进健康,不仅仅是促进个体的健康,也包括社会的健康。个体是组成社会群体的主要单位,所以,个体健康与社会健康之间的联系十分密切。换句话说,社会整体的健康如果离开了每一个个体的健康就不会实现。在社会健康中,个体健康是基础与前提。在健康的影响因素中,营养的作用很大。但人们往往因为过度补充营养或者补充营养不合理而造成营养过剩,从而危害健康,而且很少有人能够充分认识到营养过剩导致的危害。除了营养过剩之外,一些"富贵病"也开始随着人们物质生活水平的提高而逐渐出现,如"三高"(高血压、高血脂、高血糖)等,这严重危害了人类的健康。仅仅依靠医疗措施来治疗人们的富贵病与"文明病"是不够的,还需要通过休闲体育这一重要方式来对这些疾病进行有效的预防与治疗。

在防治"文明病"方面,与休闲体育相比,医疗手段显得有些被动和消极,而且治病难的现象十分普遍,人们需要耗费大量的时间与金钱成本来用于疾病的治疗,而且治疗效果也未必能达到理想状态。社会需要健康,休闲体育可以使人们对健康的需要得到充分的满足,而社会的发展又要求休闲体育要以促进个体健康为目标,这样,休闲体育的发展目标也越来越明确,即为了全人类的健康。

第四节 休闲体育与教育论

休闲体育在教育方面有着非常广泛的影响,具有非常重要的教育功能和意义,对不同群体的休闲行为都有着非常积极的教育作用。本节就休闲体育的教育意义及其在不同群体中的应用进行探讨。

一、休闲体育的教育意义综述

(一)培养科学的休闲体育方式

休闲体育教育的主要目的是使学生通过对休闲体育技能的学习,掌握一定的休闲技能,促进正确、有效的休闲体育方式的形成,并提高学生参与休闲体育活动的兴趣与积极性,从而促进学生终身休闲体育观的建立。另外,在休闲体育教育的过程中,教师还要引导学生对正确休闲观加以树立,对合理的休闲行为进行科学的选择。学生在对休闲体育项目进行选择时,要以自己的身体条件、兴趣、特长以及需求为依据,做出适合自己的选择。学生所选的休闲体育项目在一定程度上反映了其自身的个性与风格,因此选择时一定要慎重,尽可能地通过参与休闲体育运动,养成科学、文明、健康的生活方式。

(二)提高休闲素质

休闲素质是指通过休闲体育教育,使学生树立科学、合理、健康的休闲观,且学生通过自身的休闲体育实践而逐步养成的正确休闲态度、休闲价值观以及休闲行为习惯。[1] 通过休闲体育教育,教师要将丰富的休闲体育知识与科学的休闲体育技能有针对性

---

[1] 胡小明,虞重干.体育休闲娱乐理论与实践[M].北京:高等教育出版社,2004.

地传授给学生,提高学生学习与参与休闲体育运动的兴趣,并对学生的休闲体育意识进行科学培养,帮助学生对科学休闲体育价值观的正确确立,使学生养成良好的休闲体育态度与习惯,并引导学生选择有价值的休闲体育项目。需要注意的是,在对学生进行引导的过程中,教师不要将自己的主观想法强加给学生,要尊重学生的自主性。

(三)合理安排休闲时间,促进社会和谐

休闲体育在和谐社会的构建及发展过程中具有一定的价值。和谐是人类追求的理想生活方式。在和谐的生活环境下,人类的生活将会发生一些良好的变化,如人类对物质的摄取不会像之前那样贪婪,而是会变得理智与通达;人与人之间的关系、人与自然之间的关系、人与社会之间的关系会变得越来越融洽与和谐;人们会拥有更加强烈的社会责任感,而且会将自己的追求通过创造性的生活方式表达出来,最终使社会实现整体的和谐,等等。

在休闲体育教育中,教师要有意识地对学生的休闲体育行为进行引导,使学生能够对自己的闲暇时间做出合理的安排,教导学生要将落后、愚昧、腐朽的休闲方式摒弃,要有坚决抵制精神污染的决心,从而促进学生健康生活习惯的养成与社会的和谐发展。

二、休闲体育教育在不同群体中的作用

(一)休闲体育教育在青少年群体中的作用

为青少年提供一种科学、有效且有意义的体育锻炼方式是青少年休闲体育教育的根本目的。从小加强这一方面的教育对于学生终身体育意识的形成和终身体育锻炼习惯的养成是十分有利的。对青少年来说,接受休闲体育教育具有重要的意义。青少年在参与休闲体育活动的过程中,不仅能够对传统文化进行传

承,而且可以促进自身再创造能力的提高。青少年休闲体育教育是一个十分有利的教育平台,利用这个平台,可以对未来的体育人才进行科学培养,进而促进青少年自我价值的实现。

休闲体育教育在青少年身心发展方面具有积极的作用,主要从以下几方面体现出来。

(1)休闲体育教育有助于使学生的学习紧张情绪得到缓解。

(2)休闲体育教育有利于使学生远离消极、颓废的生活。

(3)休闲体育教育有利于促进学生养成良好的体育锻炼习惯和形成科学健康的生活方式。

(4)休闲体育教育有助于增进学生心智和各种技能的提高。

(5)休闲体育教育能够促进学生身心的平衡发展。

不同性别的青少年在休闲体育活动中有不同的表现。一般情况下,男孩参加体育运动的积极性与自觉性要比女孩高,这一点在集体性的体育运动项目中表现得尤为明显。男孩之所以会积极参与其中,主要是因为传统的男性价值观能够在这些体育项目中得到充分的体现,二者具有一致性。男孩天生喜欢表现自我,喜欢竞争,而通过体育运动能够实现男孩在这两方面的需求。对比而言,女孩在参与休闲体育活动时就显得有些被动,体育可能会对女孩的意识和心理体验产生不同程度的消极影响。所以,性别矛盾在休闲体育教育中体现得特别明显。

(二)休闲体育教育在中老年群体中的作用

随着社会物质生活水平的不断提高,人们的寿命也在不断延长。人们在经过多年的工作后,会面临退休的问题。退休之后的中老年拥有更多的闲暇时间,如何度过闲暇时间是每个中老年人和整个社会都要考虑的一个重要问题。

中老年人是社会的一个重要群体,其拥有强烈的社会归属感,而且对社会价值的实现也有强烈的需求。中老年人对归属感与价值实现的需要,只有通过参加社会活动才能达到。因此对中老年人进行休闲体育教育很有必要。

第二章 休闲体育文化的内涵解读

对老年人进行休闲体育教育,主要是为了培养与提高他们对休闲体育行为合理选择的能力和对休闲体育价值准确判断的能力。休闲体育教育有着广泛的内容,中老年人接受休闲体育教育,能够提高智力,提高对美的鉴别与欣赏能力,树立正确的体育价值观,提高对事物进行判断的能力和对挫折加以克服的心理承受能力。此外,休闲体育教育也有利于促进中老年人社会交往能力的提高,从而有效消除他们的孤独感等。

因为现阶段我国休闲体育的发展还处于初级阶段,所以,中老年人接受休闲体育教育在短时期内不容易实现。因此要加大对休闲体育教育的宣传力度,通过对大众媒体和成人教育等渠道的利用来使中老年人意识到接受休闲体育教育的重要性,并能够积极主动地参与到休闲体育的学习中。

第五节 休闲体育与娱乐论

休闲是娱乐的基础,通过休闲能够产生一定的娱乐效应。休闲体育具有非常突出的娱乐价值和功能,这也是休闲体育得到不断发展和休闲体育文化日益繁荣的一个重要原因。本节主要就休闲体育与娱乐的关系以及强化休闲体育娱乐价值的对策进行分析与研究。

一、休闲体育与娱乐的关系解析

(一)身体运动的娱乐原欲

在原始社会,人类在阳光下追逐,在风雨中打闹,并从中获取强烈的快感。这种本能的嬉戏不存在外在的功利目的,与运动系统和生命活动的内在功利目的相符,也就是说此类活动满足了人们本身的活动欲望,被称之为"娱乐原欲"。

人类基本的生理需求一旦得到满足后,其"娱乐原欲"就可能通过身体活动充分表现出来。他们或欣喜若狂,或手舞足蹈,这都是由人的身心需要而引发的活动,它对于维持生命所必需的活动过程并没有直接的帮助,也不追求直接的功利目的。另外,原始人类的身体练习并不直接服务于生存的需要,人们只是从这些活动中享受快乐和愉悦。

原始娱乐文化形态基本上属于自然娱乐形态,属于人类社会低级开发阶段的产物,同人类原始思维方式相适应。那时的娱乐文化还不具备成为独立文化形态的条件,仅仅是一种人类初期智能和体能开发的表现形态,而这些表现形态在那个时代都深深地渗入到人类的一切活动之中,特别是经济、宗教、战争、性爱等活动中。以原始宗教为例,原始宗教是原始人类思维方式的自然化形式,是人类最早的、最主要的意识形态。其中,图腾和巫术是原始宗教最主要的内容。图腾是指和部落有神秘血缘关系的某种动植物的神圣标记。原始人类希望通过图腾祭祀的方式来求得安定。巫术则是人们为占据渔猎对象而通过神秘力量施行的魔法。图腾和巫术代表了原始意识中两种不同类型的意识。为了和神灵和睦相处,并使神灵福佑人类,原始人按照自身的性格特点和想象等设计出了多样化的仪式来取悦神灵,原始宗教的祭神仪式就是其中之一。

原始社会的身体娱乐活动是大规模的集体活动,活动方式既是劳动训练方式,又是军事演习和宗教仪式,在社会生活中扮演着十分重要的角色。

(二)娱乐是休闲体育的基础

人们只有在体育运动中体验到乐趣,才能更加积极地参与体育锻炼。因此,只有充分利用娱乐因素及与娱乐有关的各种要素,才能有效促进体育运动的发展。目前,发达国家的体育娱乐观念已深入人心,大多数成功的体育组织都将自己看作是娱乐的提供者。体育组织者将活动组织工作的重点放在丰富赛事内容

第二章　休闲体育文化的内涵解读

与提高赛事吸引力上,而观众也将观看比赛视为一种休闲娱乐活动。与其他娱乐活动相比,体育娱乐具有自发性和结果不确定性的特点,这也为体育生产商提供了更大的机遇和挑战。例如,日本每年都会举行"全国体育娱乐节"活动,为获得"全国体育娱乐节"的举办权与参与权,各地区纷纷成立相关的体育娱乐团体,并举办地区级的体育娱乐节,这对大众休闲体育的发展具有积极的促进作用。

(三)休闲体育具有娱乐功能

体育娱乐具有突出的娱乐功能,具体表现在自娱与他娱两个方面。休闲体育的自娱性指的是人们通过参与休闲体育运动,能够在精神上获得满足,从而表现出一种娱乐的心态。他娱性指的是人们在观看休闲体育运动表演或比赛的过程中,情绪随着表演或比赛情况的变化而起伏不定,或高兴,或失落,或欢呼,或抱怨,这些情绪的变化都能够使其精神需求得到不同程度的满足。

不管自娱还是他娱,人们的心理与精神需求以及人们对休闲体育价值的认同是休闲体育娱乐功能充分发挥的重要基础与条件。休闲体育娱乐中既包括了人们对休闲体育外在形式美的享受,又包括了人们对休闲体育特性的崇尚与向往。人们对休闲体育的推崇在对抗性与竞技性项目中能够得到充分的体现。对抗项目表演或竞赛的参与者在激烈的对抗中,能够将自己的勇敢、威武、顽强、聪慧甚至暴力的特征充分展示给观赏者,从而唤起观赏者的本能意识,使其在思想上受到刺激,精神上得到满足。此外,在休闲体育的对抗性运动与竞技性运动项目中,人体的力量美、灵巧美、速度美和柔韧美也能够得到淋漓尽致的表现,从而使人在竞技对抗的环境中感受美,享受这种"美"带来的愉悦感,而观赏休闲体育的人也能够从中得到美的享受。

休闲体育运动因其内容丰富、价值多元而广受人们的欢迎,休闲体育的受众没有年龄、性别及阶层之分,群众基础广泛,而且一些休闲体育项目在时间、地点及场地上没有太高的要求,从而体现出简便与经济的特点。因此,休闲体育逐渐发展成为人们健身与娱乐的重要手段。

二、休闲体育娱乐价值的强化对策

休闲体育具有娱乐功能,人们参与休闲体育运动也具有一定的娱乐动机,即为了获取娱乐。因此,只有强化休闲体育的娱乐功能,才能更好地激发人们的娱乐动机,也才能更进一步地吸引人民群众参与休闲体育,推动休闲体育的发展。下面重点对强化休闲体育娱乐价值的对策展开分析。

(一)合理规划和有效利用休闲体育的场地资源

人们参与休闲体育运动,最基础的物质保障就是场地资源。因此有关部门要对场地资源进行规划与开发,而且规划要合理,开发要尽最大限度,以此提高场地的利用价值。具体可以从以下几方面着手进行。

(1)通过多种方法与渠道对场地开发所需的资金进行筹集,对场地进行合理规划与布局。在城市中,可以多建广场,专门用于人们的健身活动,使大众的健身要求得到满足。

(2)尽量使城市中开放性的广场保持全开放的状态,以方便人们的休闲健身。

(3)城市中要多增加对外开放的公园。人们可以在公园中参与健身与娱乐活动,为了维护公园内的器械与设施,可以向使用者收取适当的费用。

(4)改革学校的操场,一方面,要加强对学校地理和环境优势的利用,加大场地开发及休闲体育运动器材完善的力度,提高其利用率,从而使学校的休闲体育教学需求得到满足;另一方面,可以在恰当的时间对外开放,以促进休闲体育宣传及教育力度的加强。

(5)休闲体育俱乐部虽然大多是以营利为目的的,但是可以通过降低会费来吸引更多的会员。

(6)社区要加强休闲体育活动的开展,在社区的公共场所组织集体性的休闲体育活动。

(二)普及休闲体育娱乐教育

随着经济的不断发展,人们有了更多的闲暇时间,而且越来越关注如何利用闲暇时间参与休闲娱乐活动的问题。因此,在普及与推广休闲体育的过程中,休闲体育娱乐教育的开展就显得特别重要。需要强调的是,普及休闲体育运动娱乐教育的范围不应局限在学校,要在整个社会推广开来,让所有的人了解如何通过休闲体育运动度过闲暇时间,享受娱乐。具体而言,休闲体育娱乐教育的普及可以从两个方面着手。一方面,在学校休闲体育教学中适当增加娱乐教育;另一方面,加强社会休闲体育娱乐教育服务网络的建立与完善。

(三)利用媒体广泛宣传与推广休闲体育的娱乐价值

21世纪,信息科技高速发展。从很大程度上而言,信息对人们参与各种社会活动具有引导作用。人们对休闲体育活动的参与同样离不开信息的支持与引导作用。而媒体是传递信息的主要载体,因此休闲体育魅力的彰显与发扬就离不开媒体的宣传和推广。具体而言,媒体对休闲体育娱乐价值的宣传与推广主要从以下几方面进行。

1.通过短片对休闲体育运动进行宣传

人们对外界信息的获取基本上是靠眼睛,因此通过短片的形式吸引人们观察图片、看视频就能够对休闲体育运动进行宣传。在策划休闲体育的宣传片时,要尽可能地将休闲体育内容的全面性、丰富性、娱乐性等特征充分展现出来,使人们能够更深入地了解休闲体育,从而有效地普及与推广传统休闲体育的娱乐价值。

2.加强媒体对休闲体育赛事的宣传力度

休闲体育赛事的观赏价值是极强的,观赏赛事不但能够促进文化娱乐生活的丰富多彩,而且能够对爱国主义精神进行培养。在我国,休闲体育运动的群众基础十分广泛,通过对休闲体育运动项目赛事的举办能够引起人们的共鸣与认同,使之产生强烈的社会反响,这对促进休闲体育娱乐价值的宣传非常有效。

3.举办相关的电视娱乐节目

现阶段,电视这一媒体在社会上的影响力、竞争力很大,而且普及范围也很广泛,其已经成为人们获取信息的一个重要途径。所以,通过对休闲体育类电视娱乐节目的举办,能够吸引人们眼球,人们在观赏节目的过程中对休闲体育运动娱乐价值的了解不断全面和深入,从而使休闲体育在大众中的影响力不断扩大,使休闲体育成为人们日常生活中的一个重要部分。例如,央视五套播出篮球、网球、乒乓球等不同休闲体育运动项目的比赛,都突出了休闲体育运动的娱乐化及竞技化。人们通过观看这些精彩纷呈的节目,能够获取快乐,感受休闲体育各运动项目的魅力与娱乐功能,从而积极参与其中。

第六节 休闲体育与游戏论

从本质上来说,游戏是娱乐活动的表现形式之一,是体育与休闲融合体的灵魂。在当代体育中,游戏论是最具哲理性的核心理论,对休闲体育活动的开展有着非常重要的指导作用。本章就休闲体育的游戏论进行研究,从游戏的角度来探讨休闲体育的发展。

一、现代游戏学说

从文化哲学的角度对"游戏"做出系统论述的主要代表人物

第二章　休闲体育文化的内涵解读

就是荷兰文化史家约翰·赫伊津哈,其所著的《游戏的人》一书在社会上具有广泛的影响。赫伊津哈认为,在人类文明进步与发展的过程中,游戏始终都是至关重要的活动。在《游戏的人》一书中,他对游戏的本质进行了研究,并对游戏和现代体育的形式和内容进行了比较与分析,最终提出了以下几个重要的游戏理论。

(一)游戏是一种自觉行为

游戏首先是自由的,这种自由是相对于规则约束的自由,不是无限制的自由。约翰·赫伊津哈在书中提到,强迫不是游戏,游戏是自觉自愿的活动;游戏起始和停止是随意的,不受时间限制;游戏区别于劳动,不同于工作,只有当游戏被视为文化功能时,如作为一种仪式或庆典,它才有责任和义务。可见,游戏以自身的规则而进行时是自由的。然而,游戏作为社会文化而存在,其自由的特性也只是相对自由性。在现实生活中,人们受多种因素的影响而处于"不自由"的状态。为了促进人们更好地享受乐趣,应引导其回归游戏的理想境界。

(二)游戏超越时空的独立性

赫伊津哈提出的理想游戏境界,在强调自由、非功利、非实用的前提下,还要求时空上的相对独立性,人们只有从日常事务中脱离出来,把日常生活的繁务杂念抛到脑后,所进行的游戏活动才是纯粹的。人们沉醉于活动本身,追求一种欢乐、脱俗、永恒和神圣的体验。

游戏在时空上的独立性,使游戏世界与日常生活的世界相分离,这种分离主要得益于空间和时间上的独立性,赫伊津哈把这种"独立性"拓展、延伸,认为时空独立性是一种"分离感",这种分离感是游戏特有的具有象征意义上的文化需求造成的。

(三)游戏具有象征意义

游戏是与外部世界相分离的,其具有独特的文化和象征意义。游戏作为一种重要的社会文化形式,必然具有表达文化的功能。人类体育活动属于社会文化的范畴,人的游戏活动是用来说明"人在文化领域的生动外部表现形式"的。在社会的发展过程中,游戏活动对人们产生了关键性的影响,具体表现在游戏活动使人的一些素质如身体、心理或其他素质等发生了改变,得到了更新,或者保留原状态,使人的认识情趣得到了满足,对人的愉悦情感进行了激发,使人们产生交往的动机,并为人们的交往创造了条件等。

二、游戏的运动目的论

虽然说游戏既不是功利的又不是实用的,但促进自身能力的提高是人类活动的本质,游戏正是以其最直接的感性实践方式成为创造人的这一宏伟交响曲中的主旋律,游戏的目的与意义是十分明确的。因此黑格尔曾说,游戏是一件比做正经事更值得做的正经事。人类的发展需要不断进步的科学技术创造与提供机会,但是人类的自由发展也受到了科技发展的影响与制约,在科技发展的影响下,人的感性冲动与理性冲动常常处于失衡的状态,对二者的调节很难做到绝对的合理,因此就容易导致对身体平衡的影响。童年时代那些无拘无束、自由自在的玩闹是人们长大之后都会回忆与留恋的主要片段。休闲体育娱乐以游戏论为理论基础,其思想前提是运动目的论,而其真正的目的是成为"理想人"。

通过对游戏发展的历史线索进行研究后发现,社会文化、人类文明程度等都会对游戏的诞生产生影响,而且游戏的发展程度与这两方面的影响程度在内在是一致的。因此可以说,在对人的自我意识觉醒程度进行衡量时,可以将游戏作为一把标尺。从这一角度而言,游戏发展的基础便是人类的基本权益,发展目的是促使时代对人的要求的实现,在这样的基础与目的下,游戏对普及的理想形式展开了无尽的探求。

第二章 休闲体育文化的内涵解读

三、游戏与休闲体育

通常,思想家所发表的言论与表明的思想观点往往都是建立在关注生活的基础上的,因为思想与观点来源于生活,因此也必将对社会生活的观念产生极大的影响。思想家提出的观点往往能够引起各个国家对其展开不同的舆论争论,这些争论受各国政府重视。在舆论争论中,国家会通过采取一些措施来表明自己的重视度,而发展体育和娱乐事业就是其中一项重要措施。

20世纪60年代以来,有关体育的法律法规在很多国家被制定与颁布,如日本的《体育运动振兴法》(1961年颁布),法国的《发展体育运动法》(1975年颁布),罗马尼亚的《发展体育运动法》(1975年颁布),美国的《业余体育法》(1978年颁布)等。[①] 这些法律的颁布有利于体育运动的普及与发展在制度与组织上得到强有力的保证。

20世纪90年代中期以来,在社会生产力水平不断提高的条件下,"双休日"制度开始在我国正式实行,这样就保证了城市居民具有充分且规律的闲暇时间。双休制的实行必然会对居民的闲暇生活方式产生重大的影响。利用闲暇时间参与体育运动、进行体育消费也成为城市居民在双休日的主要活动。休闲体育娱乐所承载着的休闲文化是全新的,因此休闲文化的消费也成为一种新的时尚。

一旦在社会生活体系中纳入休闲娱乐体育,休闲体育就会履行自身的社会职能,人们在开展多种形式的社会文化活动时,免不了对休闲体育的运用,而且实践已经证明确实如此。可以说,人类文明的发展与游戏和休闲体育的产生及发展具有内在的一致性。所以,我国的面貌、文化素质以及文明程度从一定程度上会通过游戏与休闲体育的发展状况反映出来。

---

① 胡小明,虞重干.体育休闲娱乐理论与实践[M].北京:高等教育出版社,2004.

现代社会中，人们拥有的闲暇时间越来越多，人们必然会选择一些方式来处理和利用闲暇时间。人类个体、群体甚至整个国家发展的文明程度能够通过人们所选择的处理与利用闲暇的方式得到反映。只有人类拥有闲暇时间，才能有文化艺术，体育智育才会因此而出现。人们对余暇的安排能够体现其高度的个性化，然而人们所选择的消遣方式却具有高度社会化的特征，只有依靠社会提供一定的条件，人们的消遣方式才会顺利实现，也才能达到预期的效果。目前，在市场经济的时代背景下，社会提供给我们的最典型的文化选择和闲暇消遣方式就是休闲体育活动。

随着社会经济的发展，人们的收入愈来愈多，人们的收入主要用于物质方面与非物质方面，而且从现代社会人们的消费观来看，用于后者的比例开始大于前者，也就是说人们用于文化、休闲等方面的非物质开支比用于吃穿等物质方面的开支要多。从这一消费比例的转移来看，在现代经济中，服务业的地位越来越重要。体育产业的经济形式主要属于服务型经济。由此可知，体育产业在经济方面的特征主要表现为服务性，新时代"体验经济"发展的状况也可以通过这一特征表现出来。

在以往的研究中，人们普遍认为体育属于第三产业，其实体育在经济领域属于服务性的内容。体育参与者和观赏者的存在也体现了体育的"体验经济"特征。"体验经济"在经济和文化形态方面具有时代性与新颖性，从这个角度来对体育产业的发展进行研究与理解是十分独特的。一些学者认为，体验经济不属于三个经济发展阶段（农业、工业、服务）中的任何一种，它属于第四个经济发展阶段，现在人们各种各样的需求已经不是单一的货品和服务就能够满足的，未来经济发展的基础也许会是体验经济。

在未来的体验经济时代，消费者只有支付了一定的费用，才能够享受体育运动和娱乐体验。随着经济的发展和对新经济构想的不断深入，在当代经济发展中，以健身运动与休闲娱乐为特征的体育消费已经成为一种十分重要的生长点。社会需求的满足在一定程度上离不开休闲体育娱乐的供给，这是"消费革命"时

第二章　休闲体育文化的内涵解读

代的一个重要特征表现。因此,在新经济时代,休闲体育娱乐的发展有待进一步发展与完善,要通过各种形式促进体育经济功能与价值的充分发挥,促进休闲体育与社会经济的协调发展,提高体育文化产业发展的进程。

第三章 休闲体育健身的相关理论

休闲体育在近年来获得了快速的发展,并逐渐成为人们健身健美的重要形式。休闲体育虽然方式上较为随意,并且规则并不严格,但是在进行健身时,也应该遵循相应的原则,选择合适的健身方法,这样才能够使得健身更加科学合理。本章就对休闲体育健身的原则与方法进行分析,并探讨休闲体育健身与终身体育的关系。

第一节 休闲体育健身的原则

一、主动性原则

在参加休闲体育运动时要有明确的目的,这样运动健身的积极性和主动性才会较高,并且能够长期坚持下去。休闲体育运动健身者在健身时坚持主动性原则应该做到以下两个方面的要求。

(一)不断提高对休闲体育健身的认识

坚持主动性原则要求休闲体育运动健身者积极进行休闲体育理论和技能方面的学习,提高对休闲体育健身的认识,这样才能够表现出更高的主动性。

（二）具有明确的健身目标

人的动机对其行动能够产生重要的影响,决定了其所要采取的行动的质量。休闲体育健身者在进行运动时,应具有明确的健身目标,这样才能够为了目标而主动进行休闲健身运动。比如有人参与运动健身的目的是更健全地生长发育;有人的目的则是对紧张的学习生活进行调节;有人是为了变得更健美结实;还有的人则是为了进一步锻炼意志、防治疾病等。不管他们的目的是什么,都要首先将运动健身的目的明确下来,这样才能够更加积极主动地参与到运动健身中,进而取得理想的健身效果。

二、针对性原则

不同的人会有不同的生理特点,在进行休闲体育运动健身时,要具有针对性。运动者应根据个人实际以及客观条件,合理确定运动健身的内容、方法、手段和负荷等,使之更符合健身者个人实际。另外,不同的地区有其相应的地区特点,休闲体育运动项目也会有其地域特色,在进行健身时,应根据外界环境和气候特点等进行休闲运动健身。具体来说,主要表现在以下两方面。

（一）针对外界环境

参与休闲运动健身时,要从季节、气候、场地、器材等外界条件的实际情况出发,坚持科学的健身方法,合理选择健身的时间和健身的方式,从而使得健身效果最佳化。

（二）针对自身的实际

由于休闲体育健身者的性别、年龄、体质和健康状况等方面都或多或少地存在着一定的差异性,这就要求健身者应从自身的实际情况出发,有目的地选择和确定运动项目、健身方法,合理安排运动的时间和运动健身的负荷,这样才能够取得理想的健身效果。需要注意的是,运动健身者应对自身的身体状况有着清晰的认识,避免运动量超过自身的承受能力,从而不利于人体健康的发展。

三、经常性原则

经常性原则就是指人们参加运动健身要持之以恒,坚持长期、不间断的进行。不管是运动技术的形成和提高,还是人体各组织系统机能的改善,都是肌肉活动反复多次强化的结果。如果不经常进行运动健身,后一次进行运动健身时,前次健身的痕迹已经消失,这就使得健身累积性的影响作用消失,因此取得的运动健身的效果也就微乎其微,甚至起不到任何作用。除此之外,运动技能的形成,人体结构、机能的改善,身体素质的提高,都受着生物界"用进废退"规律的制约。如果不经常进行运动健身,已取得的效果也会逐渐消退。"逆水行舟,不进则退"就生动形象地说明了这一原理。

在运动健身过程中贯彻经常性原则,有以下两个方面需要注意。

首先,养成经常进行运动健身的习惯。休闲体育运动健身所带来的健身效果随着时间的流逝是会减小甚至消失的,因此,这就要求健身者坚持长期有规律的运动健身,这样才能使良好的健身效果得到有效的保持。

其次,健身目标和健身计划的设定要科学合理。把经常性健身作为培养毅力、锻炼意志、陶冶情操的手段和过程,尽可能地将各种因素的干扰排除掉。

四、适量性原则

在休闲体育运动健身时,应坚持适量性原则,即运动健身锻

第三章　休闲体育健身的相关理论

炼应该有适宜的生理负荷。运动刺激的强度决定了运动健身效果,只有适宜强度的运动健身锻炼,才能够起到良好的健身作用。在休闲运动健身时如果刺激过小,就难以引起机体的有效反应,产生不了预期的健身效果;如果刺激过大,则会对机体造成一定的损伤。因此,只有适宜的强度,才能有利于能量消耗的恢复和超量补偿。人们在参加休闲体育运动健身时要量力而行,将自我感觉和生理测定有机结合起来,如果健身后出现头晕恶心、四肢无力、精神萎靡等症状,这有可能是运动量过大造成的,这时就要求休闲体育运动健身者及时对运动量进行调整。

人体在进行运动健身时,如果能量消耗过多,就会导致疲劳的产生。适当的疲劳在经过一定的休息和恢复后,其症状是能够逐渐消失的,人体机能水平也会得到一定的提高,这时往往就会产生较为显著的健身效果。需要强调的是,过度疲劳不仅不会取得理想的健身效果,还会对身体健康造成影响。

另外,需要注意的是,在保证适宜负荷的前提下,运动健身中应注意逐步增加运动负荷,保证机体机能的不断提高,同时还要对健身和间隔时间进行科学合理的安排。

五、全面性原则

(一)对体育健身活动的内容和方法进行合理选择

在休闲体育健身时,健身者在生理特点、运动爱好、职业特征等方面都有一定的差异性。这就要求在组织和开展一些集体性休闲体育运动时,要以每个健身者的身心特征与实际情况为依据,对与健身者身心特征和实际状况相适应的健身内容、方法和手段进行科学合理的选择,使健身者能够在健身的过程中将自己的优势展示出来,享受乐趣,实现身心愉悦与健康的健身目的。

休闲体育运动项目丰富多样,不同的健身人群都能够找到适合自己的健身项目,不同层次的健身群体都能够从中满足自身的健身需求。不同的休闲体育运动健身项目会从不同方面与程度对健身者身体机能与身体素质产生相应的影响。休闲体育健身方法的不同也会影响人体方面表现出不同的特征。即使是同一休闲体育健身项目,如果健身的手段不同,也会取得不同的健身效果。健身者在健身过程中要注重机体的全面发展,使身体的各个器官、各个部位及各方面的素质都得到发展。

(二)促进健身者身体机能与素质的全面均衡发展

尽管参与者参加休闲体育健身的具体目的与要求不同,但绝大多数参与者均渴望通过休闲体育健身来促使身心得以全面发展。人体的各个器官与部位都是相互联系的一个统一体,身体某一方面的发展或功能的下降都会对其他方面的发展与健康状态造成影响。不同的休闲体育健身内容与方法会在不同方面影响健身者。只是单一地想要强健某一身体部位,或者促进某一身体机能的发展是不可取的,这样不会有效促进生理机能的全面提高,对身体素质的发展也不利。休闲体育运动健身者要想促进自身身心的全面发展,就要积极开展多种形式的休闲体育健身活动,使得各个身体部位都能够得到一定程度的锻炼,促进身体机能的全面发展。

六、循序渐进原则

循序渐进原则是指休闲运动健身的内容、方法和运动负荷等,必须根据人对事物的认识规律、动作技能形成规律和生理机能的负荷规律,由小到大、由易到难、由简到繁、由低级到高级地逐步进行。例如,在进行爬山运动时,可先学习和掌握一些爬山运动的基本常识和基本技能,然后从一些不高的小山开始,逐渐增加难度。

在休闲体育运动健身中,急于求成是最不可取的,如果想要取得立竿见影的效果,不仅会事与愿违,严重的还会对身体健康产生不良影响,甚至造成不必要的运动损伤。因此,休闲体育运动健身者在进行运动健身时,一定要由易到难地掌握动作,运动量由小到大,运动强度也应由弱到强。

七、及时恢复原则

及时恢复原则的生理学依据是人体功能能力和能量储备的"超量恢复"机制。人体运动技能的增强是通过各个系统、器官、组织甚至细胞对运动刺激逐渐产生适应,并经过长时间的工作、疲劳、恢复、超量恢复以及消退等多个阶段的循环最终实现的。当前,大众体育健身活动的参与者在进行休闲体育运动健身时往往重视健身而忽视休息缓解疲劳,从而造成疲劳的积累,对其工作和生活造成不良的影响。这就是违背及时恢复原则而造成的不良后果。在进行休闲体育运动健身时,应注重疲劳的及时消除,可通过积极性休息、合理安排饮食等方式来消除疲劳。同时还应避免过度进行休闲体育健身。

健身者在进行休闲体育运动健身的过程中,应该将负荷与恢复这两者有机结合起来。恢复过程能使被消耗的能源物质得到补偿,而运动健身的超量恢复原理也指出,在运动健身中重视机体超量恢复是提高个体机体机能的基础。

八、安全性原则

休闲体育运动健身是为了增强体质,促进身体健康,对安全性的考虑是必不可少的。运动损伤不可避免,在运动锻炼的过程中应该关注个人安全和健康,避免意外事故的发生。在进行运动锻炼之前,应该全面熟悉项目的内容、规则、形式、服装、场地器材和季节气候等一切因素。在锻炼过程中确保自己处在安全的环境中,同时,应该增强自我保护意识,避免意外受伤。在开展相应的休闲体育活动,尤其是一些户外休闲体育活动之前,应了解户外运动的基本常识,掌握相应的运动基本技能,这样才能够保证休闲体育运动的安全。

人们在参与休闲体育运动健身锻炼时,首先要充分估计自身的客观条件,选择适合自己参与的健身项目,进而保证在锻炼过程中减少运动损伤的发生。很多休闲体育运动锻炼在户外进行,练习时应选择合适的练习环境,如平坦的道路(不妨碍交通),宽阔的场地,注意周边的建筑和行人,以保证健身者自身的安全和周围人群的安全。此外,健身者在着装、装备等方面也要注意安全。例如,穿合脚的软底鞋、合适的服装,佩戴遮阳帽、护膝、护踝等。身上不应有妨碍运动的坚硬、尖锐物品,如胸针、耳坠、钥匙链、纪念章等。在进行集体锻炼项目,如越野跑、登山时,要注意参与者之间的保护与帮助,确保团队成员的安全。

总而言之,上述各项休闲体育健身锻炼的原则是相互联系的,是一个有机的整体,要在休闲体育健身锻炼过程中全面贯彻,并结合锻炼手段、方法加以综合运用。同时,休闲体育运动有着自身发展的科学体系与运动内容。所以,在休闲体育运动健身过程中,在遵循基本的健身原则的同时,更要遵循基本的休闲体育运动发展的规律。

第二节　休闲体育健身的方法

一、休闲体育健身的方法

在进行休闲体育运动健身时,有多种方法,对运动训练的方法进行总结和分析,可将其应用于体育运动健身中。具体而言,这些健身方法主要包括以下几种。

(一)持续健身法

持续健身法,就是以保持有价值的负荷量为目的而不间断地连续进行活动的方法。持续健身法有着较为显著的作用,其主要表现为:把负荷量维持在一定水平上,使健身者的身体能充分地受到健身的作用。从谋求良好的健身效果出发,在讲究重复和间歇的同时,对连续也是较为讲究的。可以说,重复、间歇、连续三者都应在健身过程中得到统一,并发挥各自的作用。除此之外还要以负荷价值有效范围来将持续练习时间的长短确定下来,这样可使机体的各个部位长时间地获得充分的血液和氧的供应,因而能够使有氧代谢能力得到有效增强。实践中,用于持续练习的主要是那些较容易并已为运动者所熟悉的动作,跑步、游泳,甚至是迪斯科舞等都是较好的选择。

(二)重复健身法

重复健身法是指健身者在相对固定的条件下,按照计划和要求反复练习同一内容的方法。这种方法并不是针对所有的情况都适应的,其有一定的适用范围,具体包括以下几个方面:运动负荷较小或用时较短的项目,重复练习可增加练习强度和时间,这对于练习效果的提高是有帮助的;适合于动作技术比较复杂、难于掌握的项目,通过反复练习,对动作技术的学习和巩固有一定帮助;适合于运动负荷安排较大、难以一次完成的练习。

重复健身法在练习过程中每组或每次练习都要安排一定的休息时间,且每次(每组)练习的距离、时间、强度、间歇时间和练习的总次数要合理和固定。另外,在采用重复健身法进行运动健身时,有以下几个方面需要注意。

首先,要将包括重复的总次数、每次练习的距离或时间、每次练习的强度及间歇时间等在内的重复的要素合理确定下来。

其次,要使每次练习的质量得到有力的保证。

再次,要注意克服单调、枯燥及厌烦情绪。

(三)变换健身法

变换健身法是在改变健身内容、强度和环境的条件下进行健身的方法。变换健身法主要应用于对练习项目、练习要素、以及运动负荷、练习环境和条件等的改变。通过变换健身法的应用,能够有效地调节生理负荷,提高兴奋性,强化锻炼意向,克服疲劳和厌倦情绪,从而达到有效提高健身效果的目的。

在采用变换健身法时,要注意以长远计划和实际需要为依据,给机体有一个逐渐适应的过程,切忌急于求成。除此之外,还应该积极积累和收集反馈信息,并且以此为依据,不断对健身计划和方式进行适当的调整。与此同时,还要对练习结果进行及时的总结,为制定新计划提供相应的依据和支持。需要强调的是,变换练习法应是短期和非经常性的,这就要求在达到变换的要求之后,应尽快转入常规练习,如果变换时间过长或者过于频繁,那么这对于原练习方案的实施是不利的。除此之外,在采用变化练习法时,还要求把注意力集中到所要解决的任务上,要自始至终都对变换练习的目的引起重视。

(四)循环健身法

所谓的循环健身法,就是把具有不同健身效果的项目依次排列成若干个"站",然后按一定顺序作往复健身的方法。通过这种方法的应用,往往能够获得综合健身、全面发展的良好效果。运用本练习法时,要把握好的一个关键点,就是要按照全面性原则来对项目进行合理的搭配。针对青少年来说,他们在进行休闲体育运动健身时,既要发达四肢,也要发达躯干;既要运动胸背部,又要运动腰腹部;还要追求形态的健美,同时机能、素质的全面发展也是需要注重的一个重要方面。为此,就必须科学地搭配项目。以已有的经验为依据,通常会选择6~12个已为健身者掌握的简单易行项目。另外,需要注意的是,上肢动作与下肢动作、剧烈的跑跳练习与尽力憋气动作之间的合理交替要合理搭配。

最后,为了保证健身的效果,需要强调循环健身的各个项目都要用比较轻度的负荷进行练习,通常为本人最大负荷量的

1/2~1/3的强度即可。随着机体适应程度的提高,循环的次数和各个项目的练习强度也要得到及时的增加。

(五)间歇健身法

间歇健身法是在两次健身之间,规定一个严格的休息时间,在健身者机体尚未完全恢复的情况下,就进行下一次健身的方法。由于间歇练习法具有两次练习之间休息时间短,机体尚未完全恢复的特点,因此,这种方法能够使机体运动负荷得到有效的提高。

通常情况下,人们有着体质增强的过程是在运动中实现的观点,实际不然,体质内部增强过程主要是在间歇中实现的,是在休息过程中取得了超量恢复。如果没有休息中的超量恢复,运动就不存在任何意义。对于体质的增强来说,间歇的作用甚至要大于运动本身。

一般来说,可以以健身者个人身体机能状况为依据,来确定间歇练习法中间歇时间的长短。通常情况下,身体机能状况稍差者,间歇时间可稍长一些;反之,则间歇时间应该短一些。一般的,以心率每分钟120次左右为宜。在间歇过程中,为了使血液回流加快,从而保证氧气的供应,应进行一些如慢跑、按摩和深呼吸等积极性的休息和放松。需要特别注意的是,间歇练习法对机体的机能有较高的要求,这就要求健身者根据自身实际情况,加强对负荷的监测。

二、休闲体育健身中运动负荷增加的要求

(一)渐进式地增加负荷的量度

在休闲体育运动健身实践中,随着健身水平的提高,负荷的量度也需要适当进行加大,这样才能收到理想的健身效果。负荷的增大是一个循序渐进的过程,其增进的形式可分为以下四种

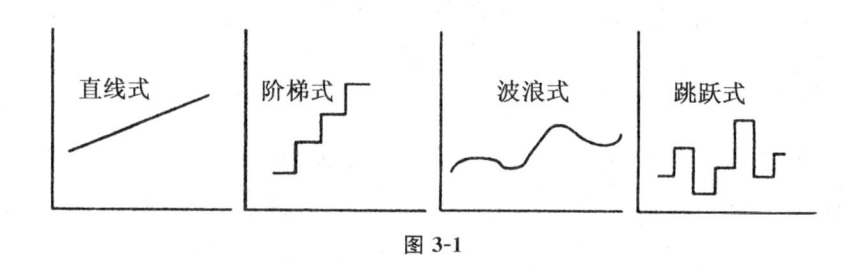

(图 3-1)。

图 3-1

1. 直线式递增

运动负荷直线式的增加上升。直线式递增方式通常负荷的强度变化不是很明显。负荷的上升主要是基于练习的次数、时间、距离及重量的不断增加。所以,这种负荷增加的方法主要适用于负荷起点较低的初学者。

2. 阶梯式递增

练习一段,保持一段,每增加一次负荷,几乎要保持一周的时间。若以日为单位,负荷呈阶梯式上升,若以周为单位,负荷则表现出斜线上升的趋势。这种增加负荷的方式,对优秀运动员、等级运动员及初学者都适用。

3. 波浪式递增

负荷的递增符合以下的规律:负荷的增加要有起伏,每一次负荷的下降比上一次的最高负荷稍低,然后再提高到新的水平。这样的提高方式既能保持相对较高的运动负荷量,同时,又能使机体得到相应的休息。依此规律,始终按波浪式上升,此时无论连接波峰或波谷,都表现出斜线上升的趋势。这种增加负荷的方式对优秀运动员、等级运动员及初学者都适用。

4. 跳跃式递增

运动健身负荷按跳跃式增加。该种方法主要适用于优秀的运动员,当运动者达到一定的水平后,人体各器官会形成一定的

第三章　休闲体育健身的相关理论

行为模式,从而使运动能力停滞不前。突然增加健身负荷能够给机体强烈的刺激,有助于僵局的打破,从而提高运动成绩。跳跃式增加负荷的主要作用是:有利于运动员打破机体不同系统之间旧的牢固联系,促使其在新的水平上建立新的联系,求得运动者承受负荷的能力产生突破性的提高。

(二)积极进行负荷和健康的诊断,并制定健身计划

同一负荷量度对于不同的运动者可能会起到完全不同的健身效果,同时,运动负荷还受到多方面因素的共同影响。为了在健身过程中及时把握不同时期运动者的运动能力状况,以便准确地判断负荷的适宜度及恢复程度,从而决定健身中应采取的相应对策,就必须建立科学的诊断系统,选取可靠的指标,在恰当的时间用科学的方法客观地进行准确的诊断。

在生活中,可能由于繁忙、生病、受伤、意外事件等各种原因而不得不中断健身锻炼。这时,就要根据中断休闲体育运动的原因,重新制定一个休闲体育运动锻炼计划并付诸实施。制定可操作的练习计划不仅能够克服一定的惰性,还能使健身锻炼有一定的规律性,使健身效果更好。在制定休闲体育运动健身计划时,应根据自身实际和运动健身规律进行,避免不切实际。

一般而言,志同道合的休闲体育运动伙伴,对保持运动持久性有极大的帮助。人总是有些惰性的,若有比较知心的朋友、同事、邻居一同参加,相互陪伴、指点、鼓励,既可增强彼此的自信心,又可消除孤独感和单调感,对坚持参加锻炼有一定的作用。在进行相应的休闲体育运动健身时,应多结伴友,增加大家的集体归属感,运动才能坚持下去。

(三)正确处理负荷与恢复的关系

运动健身会增加人体能量的消耗,造成人体不同程度的运动性疲劳的出现,疲劳的恢复是运动健身中的重要环节。健身离不

开恢复,没有恢复,负荷只会导致运动者机体能量物质的消耗,导致运动者机能的下降。有学者认为,运动健身产生的健身效果正是在机体恢复阶段显现的,因此良好的机体恢复有助于身体体能的巩固和提高。

为了使健身取得效果,提高运动者的运动能力,就必须高度重视恢复。在现代运动健身中,越来越重视负荷与恢复的协同效应,不是在负荷后运动者业也疲劳时才考虑恢复问题,而是在计划负荷的同时,就应考虑到负荷后的恢复问题。疲劳如果不能及时恢复,不仅会对健身造成影响,甚至还可能造成机体的积累性劳损,不利于人体的健康发展。

三、休闲体育健身负荷的监控

(一)休闲体育运动健身负荷的特点及监控的意义

休闲体育运动健身以促进身心健康、提高人体机能、增加机体环境适应能力和免疫力等为主要目。休闲体育运动健身的负荷应该根据健身的目标来安排。如发展心肺耐力宜采用中等强度长时间的有氧练习。健身负荷的选择通常以安全为前提,以健身效果最大化为原则。若健身负荷太小,对机体的刺激太小,健身效果不明显;健身负荷太大,对机体过度刺激,不仅不会有明显的健身效果,甚至还会出现运动伤害。因此,适宜健身负荷的选择和实施有赖于运动负荷的科学监控就显得尤为重要。

(二)严格的负荷监控

休闲体育运动健身负荷的监控应遵循安全有效、简便易行的原则。适宜的负荷能够使机体发生良好的适应反应,增强运动者的体质,提高健康水平。监控运动负荷的主要方法有:观察法、自我感觉法和生理指标监测法等。观察法内容见表3-1。

第三章 休闲体育健身的相关理论

表 3-1　负荷的监控方法:观察法

反应特征	小负荷	中等负荷	大负荷
面部肤色	稍发红	发红	很红或苍白、发青
呼吸	加快、均匀	相当快、有时用嘴呼吸	很快、用嘴呼吸、呼吸浅
完成动作	步子稳、动作较准	步子不稳、身体摇晃、自控能力较差	身体摇晃厉害、动作不协调、没有自控力
注意力	比较集中、很准确地做身体练习	易分散注意力	注意力很分散
出汗	轻度出汗	出汗相当多(腰部以上)	出汗特别多(腰部以下)
自我感觉	有舒服感、没怨言	自诉很累、心跳呼吸较困难、腰部有疼痛	自诉较累、头痛、胸痛,甚至恶心呕吐

运动健身负荷的主观检查与评定,有助于把握健身者的承担负荷能力,为安排健身负荷提供依据。评价健身的负荷是否合适,可从以下两方面着手。

(1)运动负荷安排适宜,则健身者的主观感觉应该是精神饱满,体力充沛,备感舒服,渴望运动。每次健身后稍有疲劳和肌肉酸痛感,也是正常的,通过休息能较快地消除。

(2)当健身者运动后感到精神不振,运动兴趣降低乃至厌烦,且有无力、困倦、头晕、容易激动等不良征象,以及出现局部关节肌肉酸疼疲软、麻木,胸部憋闷、气短、腹胀、恶心、呕吐等,这说明健身负荷过大或内容安排不合理。

人体运动时的主观感觉与工作负荷、心功能、耗氧量、代谢产物堆积等多种因素密切相关,运动时的自我感觉是判断运动性疲劳的重要标志。

(三)以达到某一能耗量(或摄氧量)为主要目标的健身负荷量的监控

在以控制体重为运动目的的人群中,当安全运动强度已经确定的前提下,可以根据目标能耗量(摄氧量)来确定运动持续时间，以实现目标。

值得注意的是，在参加休闲体育运动健身之前一定要进行运动健身危险分层，主要依据是心血管疾病的危险因素，心血管、肺部和代谢性疾病的主要症状、体征和已经明确诊断的心血管、肺部和代谢性疾病。危险分层主要目的是：

（1）通过检测发现是否有运动禁忌症，以免造成不必要的损伤。

（2）识别如患有临床疾病，应该在医务监督下进行运动健身的个体。

（3）发现有特殊需要的个体以及识别在运动中因年龄、症状及其他可能增加疾病危险性的因素。

总之，健身负荷的量化监测、运动处方的科学调控是运动健身安全性和有效性的保障。

四、休闲体育健身的注意事项

（一）全面了解自身的健康状况

全面了解自身健康情况是做好预防工作的前提。一般情况下，青壮年参加休闲体育运动健身运动无需进行体检，但是中老年很大一部分都带有一种或一种以上的病症，如腰背痛、骨关节炎、心血管病、呼吸疾病等，如果不顾这些状况而草率地去运动，则有可能引发严重的不良后果。对自身健康状况的了解可以通过以下两个方面进行，一方面向有关专家咨询自身在运动中产生的不舒服的身体反应，有效、及时地减少或避免因身体条件所造成的运动损伤的发生；另一方面进行健康体检，它是最为直观、准确的手段，了解自身健康状况，是否有不适合的运动。

（二）准备活动要充分

准备活动的目的，是提高中枢神经系统的兴奋性，使它达到适宜的水平,加强各器官系统的活动,克服各种功能,特别是植物性功能的惰性。通过恢复全身各关节肌肉力量和弹性,并恢复因休息而减退了的条件反射性联系,为正式运动做好充分的准备。

准备活动的运动量,应根据气候条件、个人各器官系统的功能状况和运动项目的情况而定。若机体兴奋性较低或气温较低,准备活动就应充分些。一般认为,以身体感到发热、微微出汗为宜。

准备活动的内容,应根据运动项目的内容而定,做到有针对性,既有一般性准备活动,又要有专项准备活动。

(三)加强医务监督与运动安全卫生的管理

在进行休闲体育运动健身过程中,还应加强对健身者的医务监督。运动健身者要定期进行体格检查。对患有各种慢性病的人,更应加强医学观察和定期或不定期的体格检查。禁止伤病患者或身体缺乏健身的人参加强烈的休闲体育运动。运动健身者还应做好自我监督,身体若有不良反应时,要认真分析原因,并采取必要的保健措施,要严格掌握运动量,不宜练习高难动作。

另外,还要认真地对运动场地、器械设备及个人的防护用具(如护腕、护膝、护踝等)进行安全卫生检查和管理,不要在不符合体育卫生要求的场地上进行运动,还应避免穿着不符合体育卫生要求的服装、鞋子进行运动等。

环境对休闲运动健身有重要的影响,比如在过热或过冷的环境条件下运动,对锻炼人的意志、培养锻炼习惯和适应能力有着积极的影响。但对体弱者来说,就存在着一定的危险性。应根据自身的实际情况,在进行休闲体育健身时,积极掌握天气的变化。

(四)注重健身用品和着装

健身运动场所和用具对防止健身者损伤及意外事故是很重要的。人们在健身运动过程中时常伴随着多种危险因素,如爬山、攀岩等运动危险系数极高,天气的变化、运动用具使用不当或有毛病等都可能发生事故。健身运动者应根据休闲体育运动的特点、自己周围的情况对体育用品做出合理的选择。

合适的健身运动服装和健身运动鞋是防止健身运动损伤的前提，不能轻视。例如，在登山运动中，需要穿登山鞋，气温较低时还需要用到保暖手套和厚袜子。在进行户外休闲运动时，夏季应选择白色、轻而薄、宽松而透气的衣服，以便散发热量，预防中暑。当阳光直射时，可戴遮阳帽，并注意尽量不要将皮肤暴露在阳光下。冬天天气寒冷，要穿深色的、柔软且能保温的服装，但不要穿得太多，以利于保温。健身运动后汗湿了的衣袜应及时换掉，并把身体擦干，及时增添衣服，以免感冒。

第三节　休闲体育健身与终身体育的关系

一、休闲体育发展的社会环境

（一）人们健身需求的发展

随着世界和平形势的演进，以美国为首的西方工业国家的经济发展迅速，科学技术突飞猛进，生产力水平不断提高。科学技术在生产上的运用，不仅使生产方式发生了根本性改变，而且使人们的生活方式也发生了很大的变化。生活方式与人们的健康息息相关，生活方式的变化，包括生活内容、生活领域、生活节奏、行为习惯等的改变，都会引起个人，乃至社会的健康问题。这种情况势必在很大程度上削弱了人类固有的运动技能。在一定意义上说，也使得体育运动的社会价值变得越来越重要。这种价值就在于适应由于这种变化而出现的人类病理学机制的突变，以及减缓由此而引起的社会健康危机。因此，体育随生产力的变革而发展是一种历史要求，而大众健身则是实现这种需求的基本方法

第三章 休闲体育健身的相关理论

与手段。

一方面,生产与生活模式从过去单调、紧张、高度肢体运动的劳动模式向更加自动化、高度脑力化、智能化的模式转变,并不意味着现代社会的生产劳动降低了对劳动者身体素质的要求,相反,现代社会的生产劳动对人们的身体素质和科学知识提出了更高的要求,现代社会的劳动者不仅需要具有丰富的知识,掌握复杂的技术,还需要具有充沛的体力和精力,才能灵活、准确、协调地控制生产过程。而在休闲体育过程中,各种休闲娱乐的活动方式,既发展了劳动者的身体素质,又发展了劳动者的心理素质,有利于劳动者的身心健康,从而提高生产效率,达到社会劳动整体水平的提升。

另一方面,现代生活方式是在科学技术大发展的时代迅速形成的,它给人们带来实惠的同时,也潜藏着许多影响人们身心健康的隐患。而健身体育正是预防减弱或消除这些隐患的有效良方和积极手段。通过适度的健身体育活动的参与,不仅能够弥补现代人在现代生活方式中的"运动不足",使参与者减少肥胖、提高心肺功能,同时还能增强体质,提高协调、灵敏、力量、平衡等身体素质,并使参与者经常保持头脑清醒、思维敏捷。因此,体育休闲生活方式在提高人们对现代生活方式中的承受能力,对抗现代生活方式中的生活危险,都有很高的价值和实质意义。此外,科学研究发现,经常参与运动健身,能促进如体内内啡肽等"快乐素"的分泌,这些物质能够调节情绪、振奋精神,诱发积极的思维和情感,达到缓解、释放由于紧张而造成的种种压力,减少抑郁、焦虑和困惑,从而预防、减少和控制现代"文明病"的产生和蔓延。

21世纪,科学技术将向经济、社会的各个领域广泛渗透,科技引起的产业结构变化将给体育的发展留出较大的社会空间,而人们工作方式、生活方式的转换,将对体育提出更高的要求,体育将成为经济和社会可持续发展的一个组成部分。体育锻炼是新时代健康生活方式的"四大基石"之一。"四大基石"是指合理膳食、戒烟戒酒、心理平衡、体育锻炼。运动健身能够宣泄、疏导淤塞、压抑的情感紧张力,使人感到舒畅和快乐,从而缓解和消除心理的不平衡;同时通过健身运动的参与,可以使人的身心在闲暇时间内得到更好的调整与发展。

从总体上说,体育是遵循事物繁荣发展的规律的,它随着社会的进步而不断向高层次、高水平推进,但是这种发展必须以社会的良性运行为前提。由于人民生活水平的提高,使得社会的主要矛盾发生了根本性的转变。现代的人们不再满足于基本的生活保障,而是更加追求生活质量与生存状态,并且开始重视生活质量。在我国建设和谐社会的进程中,为健身体育的发展提供了良好的、稳定的发展空间,使体育的教育、健康、文化、娱乐功能可以得到较好的发挥,而且,和谐社会的建设也需要体育作为一种稳定的力量来维护社会的平衡发展,促成和谐社会的全面发展。

(二)人们自身不断提升的需求

1. 人格发展的需求

体育锻炼能发展人多方面的能力,这里主要包括人的协调能力、操作思维能力、直觉思维能力、应急能力等。体育锻炼还能磨炼人的性格和意志,使人变得坚强、刚毅、开朗、乐观。在参与体育运动的整个活动中能使人学会竞争,学会表现自己的才能与实力;体育运动也能培养人与他人合作的能力,增强团队意识,学会相互配合,使许多个人凝聚成一个整体,为了共同的目标去努力。

体育运动能让我们掌握一个与人相处的法则,这就是自己成功时要善于谦虚,别人成功时要善于真心地赞美和欣赏,大家共同成功时善于分享,这一法则正是健全人格的法则。人们通过体育运动各种项目的不同运动方式进行不同的锻炼,并在其中学会控制自己的需要与性格,学会延缓需要的满足,学会解决动机与斗争的矛盾,从而使自己的个性倾向性更趋于成熟。体育活动还是一种很好的增加人与人之间相互接触的形式。通过与他人的接触,又可以使个体忘却烦恼和痛苦,消除孤独感。这些观念如果迁移到更广泛的社会生活中,则能有效地促进人的社会化进

第三章　休闲体育健身的相关理论

程,使人的个性日趋完善。

2.心理治疗的需求

早期的对于人的健康标准只是片面地强调了身体、生理上的健康,而忽视了人的心理健康。在现代,越来越多的人迫于生活、工作的重重压力患上了许多心理疾病。这些心理疾病有时也会影响人的生理健康,当然,生理问题也会诱发心理问题,由此便可以看出人的身体和心理有密切的关系,健康的心理寓于健康的身体,心理不健康则会导致身体异常甚至患病。经过长年研究和实验,已经证明了体育健身是一种非常有效的心理治疗方法。美国的一项调查显示,1 750名心理医生中,80%的人认为体育锻炼是治疗抑郁症的有效手段之一,60%的人认为应将体育锻炼作为一种治疗方法来消除焦虑症。在现代社会中,几乎各个年龄段的人群中都有很大比例的人患有不同程度的心理疾病,其中最为普遍的有焦虑症和抑郁症,而通过体育锻炼可以减缓消除这些心理疾病。

之所以体育运动可以作为治疗心理疾病的方法主要是因为人的本质心理不是孤立的,心与身是相互联系、相互作用的,人的心理与人周围的环境、与周围的人也是相互协调、相互影响的。而体育这一社会活动则为人提供了一块珍贵的活动空间,在这一空间中,人的心理与身体、人的主体与周围环境、人与周围的人能充分地交融在一起,从而促进主体对环境的适应,促进人际关系,使人达到身心平衡,获得身心健康。

同时,如果某些人存在心理上特别是人格上的某些缺陷,也可在这一空间中通过参加不同种类的项目得到较好的矫治。例如,对于一些不善交际、性格孤僻的人可以适当安排他们参加一些诸如足球、篮球等的团队运动。在这些活动中,只有通过与队友的配合才能顺利进行,在这种看似有些"强迫"作用的效果下,则会慢慢改变人际交往上的不足以及孤僻的性格。

随着我国政府对《全民健身计划纲要》的大力宣传和人民生活水平的提高,人们体育健身的意识逐渐增强。大量调查结果表明当前我国不同人群的体育意识较前有了明显的增强,对体育的作用、价值也有了更加全面而深刻的认识。但是由于受多种主客观因素的影响,多数人的体育运动动机还不甚强烈。间接体育人口仍大大高于直接体育人口,体育态度中的认知、情感成分也明显高于行为成分,以及态度、意识与行为之间存在着明显的背离现象,这与西方发达国家之间存在着很大的差异。所以,总体来说,与体育发达国家相比,我国体育事业尽管进步很快,但体育人口仍处于较低发展层次。目前我国大众健身活动,多半在非体育场地,采用非竞技项目;运动员封闭健身,难得与百姓和学生一见;学校体育场馆对居民紧闭大门,生怕扰乱了校园的宁静,这种相互封闭、相互割裂的体制与现代大众健身活动的发展很不相称。同时,比赛本身是体育运动技能发展到一定程度的必然要求,但我国的大众健身活动竞技性较低,很少有比赛机会。因此,开展全民健身活动,使得更多的人参与到健身活动中,对于我国社会的发展具有积极的意义。

我国目前正在加快基层全民健身计划普及推广速度,建立适应时代要求的新发展理念,突破传统限制,大力宣传球类运动的健身价值,充分体现其娱乐性及锻炼性,带动球类运动爱好者在空余时间合理安排,通过球类运动增强体质、培养意志、陶冶心理,在普及与提高球类运动的同时,倡导健康生活。

(三)群众体育的休闲化

"群众体育"即为人民大众普遍参与的体育活动,它是一个具有中国特色的概念。在新中国成立初期,国家各方面面临着严重的困难,为了增强人民的体质,以更好地促进我国经济社会的建设和发展,党和国家高度重视群众体育的发展。新中国成立初期的群众性体育带有一定的政策导向性,政治因素浓厚,因此,对于体育参与的动力和意识的培养不利。

随着改革开放的进行,我国的经济和社会发展到了一定的程度,中国特色社会主义道路展现了其对于经济社会的发展和人民

第三章 休闲体育健身的相关理论

生活水平提高方面的重要作用。随着经济社会改革的深化进行，群众体育也在一定的物质基础上得到了相应的发展。在建设社会主义和谐社会的过程中，大力开展群众体育活动，不仅对于改善和提高人民的健康素质具有重要的作用，对于我国和谐社会主义的建设也具有重要的作用。

随着人们生活水平的提高以及闲暇时间的增多，休闲体育将更加平民化和社会化，并且逐渐发展成为人们社会生活的重要组成部分。在众多休闲方式中，休闲体育以其独特的魅力吸引着人们的广泛参与，并终将成为人们的基本消费对象之一。

如今，人民的生活水平得到了一定程度的提高，对于健康和生活质量有了更高的要求。原本以锻炼身体为根本目的的群众体育项目逐渐不能满足人们对于提高生活质量和精神文化方面的需求。同时，由于生活节奏的加快，人们会赋予一种事物多项功能，从而在从事某项工作和活动时，实现多种功能作用的发挥，如手机，不仅被赋予了沟通的功能，同时还有听音乐、拍照，甚至是工作等方面的功能。休闲体育正是多种功能整合而成的综合体，它不仅能够满足人们对于高品质、高品位生活方式的追求，还能够使得人们能够保持旺盛的生命活力，同时，还能够实现人们进行社会交往等方面的功能，因此休闲体育在我国逐渐兴起，并得到了快速的发展。

"休闲体育"这一词已经被越来越多的人所认识和了解，在紧张的工作和生活之余，休闲体育正成为人们的重要放松方式。随着我国对"全民健身战略"重视程度的不断提高，由群众体育发展而来的休闲体育也逐渐受到了人们的普遍重视。由群众体育发展而来的现代休闲体育项目将会更加注重运动的舒适性和愉悦性，它能够使得群众真正地实现身心的轻松。

当国民的消费结构得到了整体提升时，休闲体育也将成为社会上的一项广泛的消费项目。如果我国国民经济发展水平进一步提高，则休闲体育消费将成为人们的一种基本的消费项目，成为普通群众的一项重要的生活内容，形成休闲体育生活方式。这一目标的实现并不是由物质生活水平一方面所决定的,需要精神文明建设也得到相应的提高,这样才能够实现休闲体育生活方式的形成。

实践表明,物质生活水平的提高并不意味着人们会获得相应的幸福和快乐,这与人们不健康的生活方式具有重要的关系。在物质生活水平提高时,人们的体质健康状况却呈下降的趋势,糖尿病、心血管疾病等越来越多地威胁着人们的身体健康。因此,作为现代中国人,不仅要建设和发展好和谐社会,还应该充分享受到和谐社会的发展成果。这就需要人们培养和建立健康的生活方式,使得身心健康得到综合、全面的提高。

休闲体育消费不仅能够娱乐身心,也能够提高人们的生活水平和生活质量,对于人们培养健康、文明的生活方式发挥着重要的作用。近几年来,人们参与体育休闲活动的消费占总消费份额的比例逐年升高,休闲体育将更广泛、更深入地介入中国人的生活,成为基本需求之一。

二、终身体育理念下的休闲体育

终身体育思想是让人们在一生中不断接受体育教育以及终身进行体育锻炼,使得人生各个阶段的体育能够有效衔接,保证体育教育和锻炼的完整性和连续性。终身体育思想认为,人们在一生中的各个时期和各个阶段都应根据自身的需求进行体育教育和体育锻炼。体育锻炼并不是一种"一劳永逸"的活动,需要人们长期进行坚持,这样才能够起到良好的锻炼效果。在生活中,应随着自身年龄和身体状况的变化来更新体育锻炼的内容和方法,并树立终身进行体育锻炼的意识。

在现代社会下,体育事业的发展离不开终身体育,因此要将终身体育作为一项重要的工作来抓。在社会主义发展的背景下,社会劳动力是由不同年龄段的人所组成的,都面临着如何保持自己的体质水平以满足从事工作需要的问题。提高劳动生产率,需

第三章　休闲体育健身的相关理论

要依靠人才更新各种科学技术,以提高社会生产力。而人才要想保持身体经常处于最佳状态,就要选择不同的身体锻炼形式与内容,以提高自己的体质水平。随着现代社会的不断发展,人们经常把从事身体锻炼作为生活方式的一个重要内容与标志,这是人类文明发展的必然。如果一个国家,全民族都能做到天天坚持身体锻炼,养成终身锻炼的意识和习惯,那么对整个国家的现代化发展就具有重要的意义。

(一)休闲体育锻炼时间的终身性

受传统教育思想的影响,我国学校体育教育的目标过于重视学生运动技能的掌握和培养,而"终身体育"理念的出现则突破了这一传统,使得学校体育得到了更好的发展和延续。传统的体育教育观念主张青少年接受体育教育的时间是在校期间,其体育学习内容也仅仅局限于体育知识、运动技能的学习和掌握。而终身体育则要求根据学校的具体实际,并结合青少年个人的身心发展特点和规律进行科学的体育锻炼,进而养成终身体育锻炼的意识和习惯,强调要把体育作为人的一生中不可缺少的重要组成部分。

(二)休闲体育锻炼群体的全民性

终身体育具有全民性的特点,各个年龄段以及不同范围的人群都有接受终身体育教育的权利,都能在自己的一生中参加体育锻炼。随着现代健身运动的不断发展,以终身体育为指导开展群众体育活动成为现代体育科学化和社会化的重要趋势之一,其实质也是群众体育普及化的趋势。国外终身体育论者认为,生活在现代社会中的人们都要学会生存,而要学会生存则离不开体育。体育能为人们的学习、工作及休闲等做好充分的准备,人们把体育与生活紧密联系在一起能终身受益。

(三)休闲体育锻炼目的的实效性

终身体育的最终目的是增强体质,提高和改善人们的生活质量,促进身心全面发展。人们可以通过终身体育来满足自己的各种需要,如人们可以根据自己的条件自由选择适合自己的体育活动方式,这种学习和锻炼具有明确的目的性,同时也具有较大的实效性,能使自己终身受益。

坚持终身体育健身理念,则要求休闲体育运动者应积极培养自身的运动能力,具体而言,应注意以下几方面的内容。

第一,自觉锻炼能力,运动者能够熟练地运用已经掌握的体育知识、技能,形成自觉参加体育活动的习惯。

第二,自我评价、自我管理和自我监督的能力,对自己身体的具体情况有一个正确的认识和评价,及时调整运动计划。

第三,适应自然环境和社会环境的能力,增强对疾病的抵抗力和免疫力,实现各方面的适应能力,提高运动锻炼的水平。

第四章　休闲体育健身涉及的多元化科学原理

休闲体育健身是一类科学的健身内容和选择方式,要通过参与休闲体育达到健身的效果,还必须了解休闲体育健身内在的机制、规律、学科原理,建立系统化的休闲体育健身理论知识体系,以便于更好地指导休闲体育健身实践,实现更理想的健身效果。

第一节　休闲体育健身的机制与原理

一、休闲体育健身的科学机制

(一)运动生理变化机制

机体参与体育运动,在运动前、运动中、运动后会出现一系列的机体变化。

运动前生理机能状态变化与运动的性质、运动者的技能水平和心理状态有关,具体表现在神经系统、氧运输系统和物质代谢等方面。如中枢神经系统兴奋性提高、代谢加强、体温升高、心率加快、肺通气量和吸氧量增加、泌汗增多等。

运动开始阶段,一般先要进行准备活动,其生理机制在于,通过预先进行的肌肉活动在神经中枢的相应部位留下兴奋性升高的痕迹,进而促进机体进入工作状态,在接下来的体育健身锻炼中发挥出最佳机能水平。

机体进入工作状态后,生理机制变化主要表现在两个方面。一方面,内脏器官的生理惰性,在休闲体育健身过程中,内脏器官必须充分动员以适应肌肉活动和机体代谢的需要。但与运动器官相比,内脏器官的生理机能惰性大,更慢进入工作状态适应机体运动,也更容易疲劳。另一方面,机体进入工作状态与机体的反射时有关,所谓反射时,具体是指从刺激作用于感受器起到效应器出现反应所需要的时间。一般来说,在休闲体育健身活动中,反射活动越复杂,动作难度越大,机体进入工作状态所需要的时间越长。

(二)机体活动适应机制

个体参加休闲体育活动,从静止状态到运动状态,人体之所以能产生与环境变化相应的反应,是由于人体存在一系列调节机制。具体分析如下。

1. 神经调节机制

所谓神经调节,具体是指在机体运动状态下(包括日常运动和专门性的体育健身运动)通过神经系统实现的调节机制。

机体运动过程中,神经调节的特点为反应较为迅速、准确、短暂,并具有高度协调和整合功能,是人体功能调节中最主要的调节方式。神经调节主要依赖于机体对各种刺激的反射。例如,巨大的声响,会使人瞬间做出躲避动作;被利器刺,手会下意识地立刻缩回等。具体来说,反射是指人体通过神经系统对外界和内部的各种刺激做出应答性的反应。

通常,将人体神经系统中产生反射的神经结构称反射弧,反射弧包括五个组成部分:感受器、传入神经纤维、神经中枢、传出神经纤维、效应器(图4-1)。反射与运动技能的形成也具有非常密切的关系,是个体运动技能形成的重要机制,将在后面详细阐述,这里不再进行赘述。

图 4-1

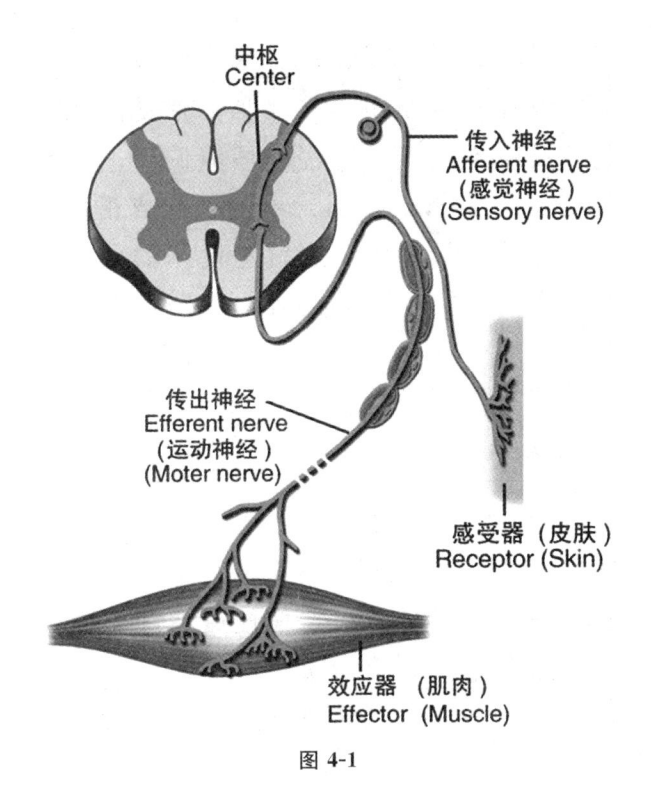

2.体液调节机制

人体水分含量较多,可达人体重量的70%,人体的体液对运动物质运输、代谢有重要影响,是机体活动的重要环境基础,体液调节具有速度慢、调节范围广、调节效果持久的特点。

机体在参与运动期间,体液调节主要有以下两种。

(1)局部体液调节:体液的自我调整。运动使生理内环境发生变化,机体某些组织细胞产生的化学物质或代谢产物(激素除外)在局部组织液内扩散,可以改变附近的组织细胞的功能,以适应运动状态下机体各项生理需求。

(2)神经—体液调节:体液调节作为神经调节传出途径中的一个环节进行,具体来说,体液在中枢神经系统的控制下,直接或间接调节体内的多数内分泌腺。

3. 自身调节机制

研究表明,当机体内外环境发生变化时,组织细胞会产生适应性反应,这种反应不依赖于神经或体液调节。例如,心肌收缩力量在一定范围内与收缩前心肌纤维的长度成正比,即心肌纤维越长,收缩时产生的力量越大。这就是机体的自我调节,也称自身调节,其具有作用范围局限、幅度小、灵敏性较差的特点。

(三)运动激素的作用机制

1. 含氮激素的作用机制

含氮激素的作用机制,也称第二信使学说(Second messengers hypothesis)。有学者认为,激素作为第一信使,作用于靶细胞膜上的相应受体后,再通过第二信使激活细胞内各种酶,如蛋白激酶(PKA)、蛋白激酶C(PKC)、蛋白激酶G(PKG)等,传递信息和调节细胞活动。含氮激素的作用机制与过程大致分为五个步骤(图 4-2)。

(1)激素到达细胞,与受体结合,形成激素—受体复合物。
(2)激素—受体复合物激活腺苷酸环化酶。
(3)在腺苷酸环化酶作用下,ATP 分解为第二信使 cAMP。
(4)cAMP 激活蛋白激酶。
(5)蛋白激酶诱发继发性、特异性生理反应。

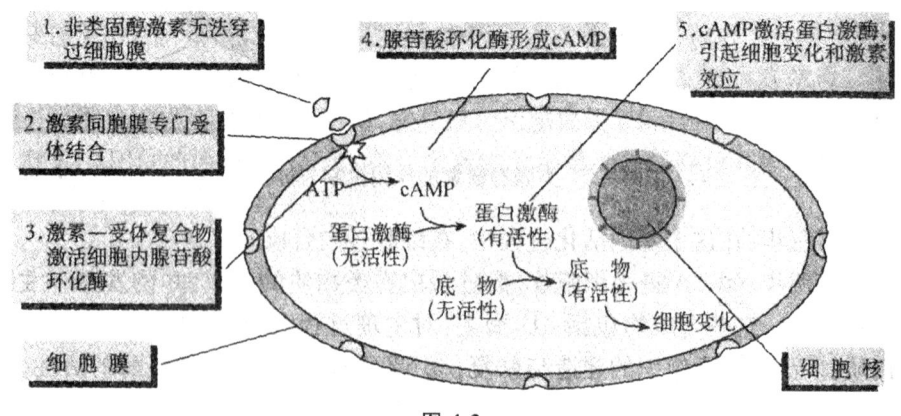

图 4-2

2.固醇类激素的作用机制

固醇类激素(包括雄激素和雌激素等)的作用机制(Geneexpression hypothesis),又称基因表达学说,其作用机制和过程如图4-3所示,具体分为四个步骤。

(1)激素到达细胞内,与受体结合构成激素—受体复合物。

(2)激素—受体复合物进入细胞核,与细胞的DNA结合,激活某些基因,即直接基因激活/活化的过程。

(3)基因活化过程中,在细胞核内合成mRNA。

(4)mRNA进入细胞浆,促进蛋白质类物质的合成,并诱发继发性的生理反应。

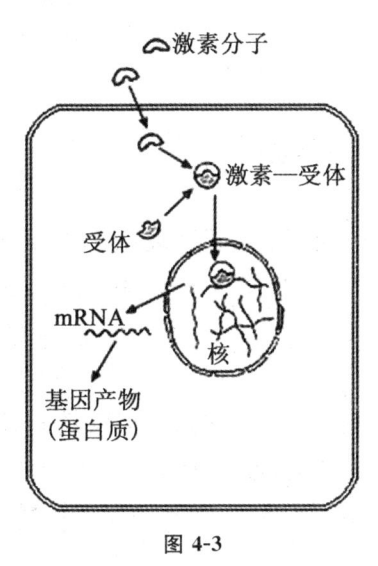

图 4-3

3.激素作用机制的终止

研究表明,激素作用机制的终止诱因很多,主要有两个方面原因。一方面,内分泌细胞能够适时地终止分泌激素;另一方面,激素与受体分离,后续的一系列信号转导过程终止。

(四)休闲运动技能形成机制

人体的反射弧包括五个组成部分(图4-1),运动对外界负荷、环境、条件的反应过程为:感受器(接受刺激)→传入神经纤维(传导冲动)→神经中枢(分析、综合)→传出神经纤维(传导冲动)→效应器(做出反应)。根据反射形成的过程,可以将其分为条件反射和非条件反射两类。

(1)条件反射:个体后天获得的,具有极大的易变性,扩大了机体适应环境的能力。

(2)非条件反射:生来就有的、固定的反射,是一种较低级的神经活动,如膝跳反射和婴儿的吸吮反射等。除了机体出现病变导致功能障碍,非条件反射是永远存在的。

研究认为,促使运动者技能形成的生理机制,主要是机体运动条件反射暂时性神经联系,大脑的皮质运动是这种联系形成的基础。因此,促使运动者学习和掌握运动技能的过程,其本质就是建立相应的条件反射的过程。

(五)健身运动疲劳产生机制

目前,研究已经表明的体育运动疲劳的产生包含多个机制与学说观点,认同范围较广的主要有以下三种。

1.疲劳的中枢机制

疲劳的中枢机制认为,中枢神经系统(CNS)功能的紊乱可导致运动疲劳产生。中枢疲劳是负性变力的结果,肌肉自主收缩产生的力量低于电刺激肌肉产生的力量,该状态即为中枢疲劳。

中枢疲劳机制十分复杂,在中枢神经系统中,神经控制、神经递质、神经调质、反馈调节体系的变化、代谢产物的变化等都可能导致中枢神经系统产生疲劳。

运动中,神经递质,如 5-HT、DA、血氨、TGF-beta 等的变化可导致中枢神经系统疲劳。如 5-HT 与睡眠、觉醒和情绪反应等有关,动物实验表明,120 分钟的跑台运动可导致大鼠脑海马区 5-

第四章　休闲体育健身涉及的多元化科学原理

HT含量增加;[1]剧烈运动后机体DA水平会呈现降低趋势,低水平的DA会导致其与5-HT的合成与代谢减少,因此会导致机体疲劳,降低机体运动能力;氨是ADP分解过程中产生的副产物,机体中氨的增高可导致急性氨中毒,损伤中枢神经系统,导致机体疲劳产生。

2.疲劳的外周机制

通过观察不同运动者的体育运动实践发现,强度、时间、形式等的不同,机体的疲劳机制也不同。对此,许多学者提出了关于疲劳产生机制学说,如"衰竭学说""离子代谢紊乱学说""保护性抑制学说"等,这些学说共同构成疲劳的外周机制研究。

(1)能源衰竭学说:机体在运动过程中会消耗体内大量的能源物质,而运动过程中运动者不能及时补充体内能源物质,因此会产生机体的疲劳。

(2)离子代谢紊乱学说:体育健身运动中,机体的乳酸能系统主要提供运动所需的能量,在进行5分钟左右的运动后,血乳酸浓度达到最高。如果运动时间过长,会使体内营养物质快速消耗,导致机体内环境物质代谢失调,机体不能继续工作,从而引发运动疲劳。

3.疲劳的心理机制

"运动性心理疲劳"最早是用于描述服务行业工作者因情绪和精神压力而形成的一种心理现象。之后开始应用于需要竭尽全力工作的领域,如竞技体育。

现代运动心理学认为,运动性心理疲劳是由于个体长期集中于活动强度不大,但活动的紧张程度较大或重复性的单调、大强度训练和比赛情况下的一种心理不安和疲劳感。简单来说,当运动者认为疲劳时,往往是主观意识上的疲劳,实际上运动还能继续,涉及良好意志品质在体育运动训练中的作用。

---

[1]　杨翼,李章华.运动性疲劳与防治[M].北京:北京体育大学出版社,2008.

二、休闲体育健身的基本原理

（一）代谢原理

新陈代谢是人体生命活动的基本规律,具体是指有机体与外界交换物质的过程。没有新陈代谢,人体的一切活动,包括生长、发育、生殖、遗传、变异、适应、进化等就都不会进行,人的生命活动也会结束。

新陈代谢包括物质代谢和能量代谢,新陈代谢原理是个体从事运动必须遵循的重要理论依据。

参与体育健身运动过程中,人体内的物质和能量代谢过程会较平时得到加强,能量的消耗也会随之增大。从事有效的训练能够提高人体组织细胞内酶系统的适应性,使酶的活性得到提高,从而促进人体的物质代谢过程和能量代谢过程,能量物质的恢复更加充分,从而达到比运动前更高的水平,人体各器官系统的功能也得到进一步增强,这是现代健身运动增强人体体质的重要原因。体育运动训练过程中,机体承受负荷需要消耗大量的能量,能量的消耗对应的是能量的补充。

保持机体的正常新陈代谢是人体参与运动的基础,根据机体运动中的变化,合理补充营养物质提供运动所需能量、及时调整运动消除疲劳,是利用新陈代谢原理科学调控体育健身的重要基础。

（二）动机原理

动机是指促使一个人参与活动的心理动因或内部动力,它能够引起人的活动,使活动导向一定的目标,以满足个体的需求。参与休闲体育健身活动,动机的树立非常重要,这是运动健身者认真对待健身活动并长期坚持的重要条件和基础。

不同运动者的个性心理不同,参与休闲体育健身运动时所带

第四章　休闲体育健身涉及的多元化科学原理

来的心理需要、动机层次、指向以及深广度等也存在较大差异。当前,一般来说,个体参与休闲体育健身的原始动机是多样化的,如健身、养生、美体、康复等,但并不是一成不变的、单一的,常常是多种动机相互综合一起发挥作用的。重视个体健身动机的科学引导,有利于促使个体养成坚持参与休闲体育健身运动的良好习惯。

(三)应激原理

所谓应激,是指人体对于外部强负荷刺激会产生一种生理和心理的综合反应。人体应激分为警戒、抵抗和衰竭三个阶段,人体应激的产生与"自我保护反应"有关。

体育健身训练中,个体的运动能力不断获得提高就是应激的结果。具体来说,运动中,机体要达到应激状态需要超量负荷,通过增加负荷,机体对原有负荷的平衡和适应被打破,通过应激,人体达到新的负荷水平,表现为运动水平提高。

休闲体育健身活动中,要科学地加大运动负荷,利用个体的应激反应,逐渐形成新的平衡,提高身体素质和运动能力。但注意运动负荷不能超过运动者的极限值,以免影响机体健康和引发伤病。

(四)认识论原理

人对事物的认识包括感性认识和理性认识,并由感性认识上升到理性认识。

参与休闲体育运动健身,首先要对休闲体育运动项目文化、技能有一个感性的认识,这是运动者掌握动作技能的开始和基础。这一阶段,建立起对技术动作的初步表象非常重要,运动者获得直观性感性认识的途径是多样的,包括"视觉""听觉"和"触觉"等,正确的动作表象能为在不断的练习中由感性认识上升为理性认识,达到训练健身的目的奠定正确的技能基础。

(五)运动负荷原理

休闲体育健身的目的是提高运动者的身体素质水平、运动水平,并在在运动能力发展过程中享受运动快乐,这一目的主要是通过运动者在体育锻炼过程中不断承受和适应训练负荷来实现的,通过机体的不断适应来提高机体的运动能力和对外界运动负荷的适应能力。这就是运动负荷原理。

运动负荷原理指导下的休闲体育健身应注意以下几点。

(1)健身初期,为了尽快进入运动状态,通常以增加负荷量使机体的适应过程逐步实现。在专项训练阶段,以提高负荷强度刺激来加深运动者的机体适应过程。

(2)休闲体育运动项目不同、训练目的不同,训练负荷应有所区别。

(3)合理的负荷确定,应充分考虑健身者年龄、体质等因素,以有针对性地确定健身负荷,保证健身过程的科学有序进行。

(六)运动适应原理

机体参与休闲体育健身活动,其对训练内容的适应需要经过以下几个阶段。

(1)刺激阶段。训练初期,机体接受来自各方面的各种刺激。

(2)应答反应阶段。运动者在运动负荷的刺激下,机体内部各器官和运动系统功能产生兴奋,并将兴奋传输到机体各个器官中,最后使整个机体都进入运动状态,完成机体对外界负荷的生物应答。

(3)暂时适应阶段。持续的健身可使运动者的机能进入良好的工作状态,在运动过程中的各项生理指标表现出稳定的状态,随着健身运动的继续进行,当机体某应答指标即使不再上升也能承受外部刺激时,表明机体已经适应了当前的运动刺激。

(4)长久适应阶段。长久适应阶段是使各相应的机能系统和组织器官,在全面增加和系统重复各种外部运动刺激的基础上产

第四章　休闲体育健身涉及的多元化科学原理

生较为明显的身体结构和机能方面的改造。主要表现为机体运动器官和身体机能的完善与协调。

(5)适应衰竭阶段。主要表现为运动安排不科学合理时,导致身体某些机能出现衰竭现象。例如,为了快速达到训练效果而不合理地加大运动量,使机体承受过度训练,遭受损伤。

参与休闲体育健身活动,使身体素质水平和运动水平提高,正是遵循生物进化和发展规律的结果。即运动者通过健身训练,使机体承受运动负荷并逐步达到适应,然后再增加运动的负荷量,使机体在高一级水平上再适应。整个过程就是"适应—不适应—适应—不适应—适应……"的过程。

(七)超量恢复原理

超量恢复,又称"超量代偿",是关于运动时和运动后休息期间能量物质消耗和恢复过程的超量恢复学说。

超量恢复原理认为,人体参与体育运动的过程分为三个阶段,即各器官系统运动时工作能力下降、运动后工作能力复原、工作能力超量恢复(图4-4)。经过这三个阶段才能实现增强体质的目的。

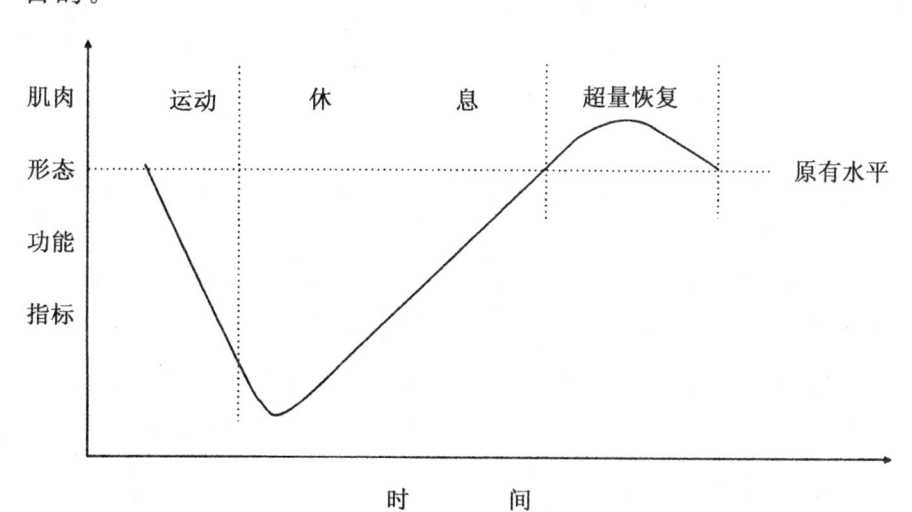

图 4-4

休闲体育健身实践中,超量恢复在一定程度上受到疲劳程度、运动量的大小和营养供给等因素的影响。其中,运动量的大小是超量恢复强弱的重要影响因素。结合这些因素的作用,健身训练的科学进行应注意以下几点。

(1)在一定的范围内,运动量越大,人体内各器官和肌肉的功能动员越充分,能量物质消耗越多,超量恢复越显著。

(2)运动时间短,运动强度不大,不能使机体产生较大的反应,超量恢复不显著。

(3)运动量适宜。如果运动量过大,超过了机体承受范围,会使恢复过程延长,或导致过度疲劳造成身体损伤;如果运动量过小,身体得不到充分运动,疲劳程度较小,超量恢复的效果就不显著,甚至不会出现。

(4)在重复性运动训练中,应掌握好间歇的时间。间歇时间太短,如果身体正处于疲劳状态,会加重疲劳;间歇时间太长,只能保持原来的体质水平,不能有效增强身体机能。

(5)要掌握好两次练习间隔的时间,一般通过测定心率的方法来进行控制,如运动后的心率达到140～170次/分钟,可以等到心率恢复到100～120次/分钟时,再进行下一次运动较为合适。

(八)身心互制原理

现代健康新理念中,生理健康和心理健康是健康的两个重要方面,我国传统养生理论也非常重视身心互补。

从本质上来说,体育是直接作用于人的生理结构及其机能的,与此同时,心理会在一定程度上指导着生理,影响着生理活动。只有将健身者的生理和心理有机地结合在一起,使两者达到和谐统一的关系,才能够使运动健身发挥出最大的效果,从而全面增强体质,提高健康水平。

休闲体育健身,健身是重要的一个方面,同时休闲的内容也必不可少,通过参与休闲健身活动,个体的身体和心理都获得发展,这正是现代人选择休闲体育运动进行健身的重要原因。

第二节　休闲体育健身的生理学基础

新陈代谢是生命运动的基础,机体的运动离不开机体的新陈代谢活动,在体育运动健身和训练过程中,人体的新陈代谢活动变得比安静状态时更加积极,良好的新陈代谢能为运动者从事科学的运动训练提供重要的营养物质保障和能量保障。

一、休闲体育健身过程中的物质代谢

(一)糖代谢

糖类(碳水化合物)是人体十分重要的供能物质,是人体重要的营养素之一。在运动中糖通过分解代谢为人体运动供能。

1. 糖的合成代谢

各种食物中都含有大量的糖,人体摄取的糖质,不管是植物性食物还是动物性食物中的糖,它们都会在消化酶的作用之下,逐渐转变为葡萄糖(Glucose,Glc)分子(果糖可直接被吸收),是可以被人体直接吸收的,经小肠黏膜的上皮细胞葡萄糖运载蛋白转运进入血液,成为血液中的葡萄糖——血糖(Blood glucose)。血糖可以合成糖原(Glycogen,Gn),成为大分子的糖。糖原分为两类,一类是肌糖原,即肌肉中合成并储存的糖原;另一类是肝糖原,即在肝脏中合成并储存的糖原。除此之外,肝脏还能够将体内的乳酸、丙氨酸、甘油等一些非糖质物质合成葡萄糖或糖原,即糖的异生过程。人体合成糖原的过程和糖异生的过程共同构成了人体中糖的合成代谢。

2.糖的分解代谢

糖的分解代谢过程就是糖释放能量的过程。人体内的糖原和葡萄糖分解代谢主要是通过有氧氧化过程、糖酵解过程、乙醛酸途径、戊糖磷酸等途径实现的。糖经分解后,可释放较大的能量,以满足机体运动对能量的需要。

运动者在参与体育健身运动中,主要通过糖的代谢提供机体运动所需能量。体育健身运动过程中,运动者机体会发生一系列生理变化,如肌肉中 ATP、CP 下降,肌糖原无氧分解功能有一定的增强,肌细胞内钙含量增多。生长激素、甲状腺激素、雄性激素、儿茶酚胺等激素也会发生相应的一些变化,从而对肌细胞产生一定的影响和作用,进而使肌细胞不断地产生适应性变化。因此,在系统的体育健身运动之后,机体在运动中消耗的 ATP、CP 和肌糖原,为机体健身活动提供必要的运动能量。

运动者体育健身运动结束后,机体恢复阶段,机体又可以重新合成糖来提供所需的能源。运动后的恢复期或长时间运动过程中,往往会出现超量恢复的现象,能够有效增加肌肉中 ATP、CP 和肌糖原含量,提高 ATP 的无氧再合成的速率,进而增大 EK、PFK、磷酸化酶等活性。

(二)脂代谢

脂肪是人体的第二大能量来源,根据生理学实验证实,脂代谢与人体健康有着非常密切的关系。有规律、有计划的休闲体育健身能够使机体的脂代谢状况得到有效的改善,而且还能够有效防治运动者的心血管疾病的产生。

1.脂肪的合成代谢

脂肪在人体被消化后主要形成甘油、游离脂肪酸、单酰甘油、二酰甘油、三酰甘油(未经消化)。体内摄入多余的热量,以脂肪的形式存储,成为机体的"燃料库"。人体吸收脂肪的储存主要有以下两种方式。

第四章　休闲体育健身涉及的多元化科学原理

(1)储存在皮下、大网膜、肌肉细胞等脂肪组织。

(2)转化后储存。有三种途径,合成磷脂,成为细胞膜的组成成分;合成糖脂,成为细胞膜和神经髓鞘的组成成分;合成脂蛋白,存在于血液中。

2. 脂肪的分解代谢

脂肪具有疏水性质,要想在体液的水环境中被酶解,就需要借助机体自身的以及随食物摄入的各种乳化剂,形成乳浊液。由此可以看出,脂肪的吸收和转运过程要比糖复杂一些。

脂肪的分解代谢首先是脂肪借助机体自身以及机体摄入的各种乳化剂形成乳浊液,然后在机体的水环境中被酶解。然后,脂肪形成甘油、游离脂肪酸和单酰甘油、少量的二酰甘油和未经消化的三酰甘油。脂肪通过小肠上皮细胞直接吞饮脂肪微粒或脂肪微粒的各种成分进入小肠上皮细胞形成乳糜微粒被吸收。乳糜微粒和分子较大的脂肪酸进入淋巴管,甘油和分子较小的脂肪酸溶于水,扩散入毛细血管。甘油和脂肪酸分解成二碳单位,最后生成 CO_2 和水。

参与休闲体育健身活动,人体内贮存的脂肪作为细胞燃料参与供能只能通过有氧代谢途径,体内脂肪的分解代谢可为运动提供能量。具体来说,脂肪分解代谢产生的能量能够提供给多种生命活动过程,能够作为长时间中低强度运动的主要供能物质。

(三)蛋白质代谢

蛋白质是重要的生命物质,它是构成机体细胞的主要成分,而氨基酸是构成蛋白质的最小单位。人体组织蛋白质及一些含氮物质总是处在不断的分解与再合成的过程中。

通常来说,人体蛋白质的代谢状况与组织的生理活动是相符的。正常成年人体内的蛋白质分解与合成处于一种动态平衡状态,也就是摄入氮等于排出氮,即氮总平衡;正处于生长发育期的少年儿童运动者,其组织细胞中的蛋白质的合成大于分解,摄入氮大于排出氮,即"氮的正平衡";而饥饿者或消耗性疾病患者的组织细胞中的蛋白质的分解就明显地加强,也就是排出氮大于摄入氮,即"氮的负平衡"。

1. 蛋白质的合成代谢

蛋白质的合成过程大致可以分为两个阶段。第一阶段,蛋白质按照 DNA 模板上核苷酸排列顺序转录成 mRNA(一类单链核糖核酸)。第二阶段,接受了 DNA 遗传信息的 mRNA 作为蛋白质生物合成的直接模板,在 tRNA(一类小分子核糖核酸)、rRNA(核糖体 RNA)的共同参与下,按 mRNA 上核苷酸的排列顺序翻译成蛋白质中氨基酸的排列顺序。

2. 蛋白质的分解代谢

蛋白质的分解过程也可以分为两大阶段,第一阶段,蛋白质分子在机体消化液的作用下分解成其基本单位——氨基酸,氨基酸随后被小肠主动吸收,几乎全部通过毛细血管进入血液。第二阶段,氨基酸再经脱氨基作用等,代谢生成氨、CO_2 和水,整个过程可简单表示如下。

$$蛋白质 \longrightarrow 氨 + CO_2 + H_2O$$

在休闲体育健身过程中,运动者机体的蛋白质代谢主要表现在两个方面:一方面,机体运动时蛋白质可提供一部分能量;另一方面,运动导致骨骼肌蛋白质合成增加,主要外在生理表现为肌肉壮大。

(四)维生素代谢

人体内不能合成维生素,必须由食物供给,每天摄取毫克或者微克维生素就足够人体所需了。

维生素是人体运动的必需营养物质,各种维生素在结构上没有共性。通常情况下,以溶解性质为主要依据可以将维生素分为包括维生素 B_1、维生素 B_2、维生素 B_6、维生素 B_{12}、维生素 C、维生素 PP(烟酸)、叶酸和烟酰胺等在内的水溶性维生素和包含维生素 A、维生素 D、维生素 E、维生素 K 等在内的脂溶性维生素两大类。

维生素可调节机体的能量代谢过程。在人体中,大多数维生素都会参与辅酶的组成。因此,如果缺乏维生素就会对酶的催化能力产生影响,引起代谢失调,进而影响机体的运动能力。

休闲体育健身期间,适当补充维生素可促进机体营养物质代谢供能。但是需要注意的是,过多地摄入维生素,并不会提高运动者的运动能力,而且会产生一定的副作用,会破坏人体内环境的稳定,甚至会引发中毒。

(五)无机盐代谢

无机盐,也称矿物质,是构成人体组织和维持正常生理活动的重要物质。

日常饮用食物中不同的无机盐被人体吸收的程度不同,比如,人体吸收很快的是钠、钾、铵盐等一般单价碱性盐类;人体吸收很慢的主要是多价碱性盐类;而人体不能吸收的主要是硫酸盐、磷酸盐和草酸盐等能与钙结合而形成沉淀的盐。

在人体内,无机盐的存在形式主要是磷酸盐,其主要在骨骼中存在(如钙、镁、磷元素等),作为结构物质,其他少量的无机盐(如钙、镁)在体液中解离为离子存在,称为电解质,其在调节渗透压和维持酸碱平衡等方面有着非常重要的作用。

无机盐与运动健身之间的关系主要表现在,机体体液中的电解质是维持生命代谢的基础,可以调节机体的渗透压和维持酸碱平衡,以促进健身者正常运动水平的发挥。在参与健身活动过程中,体内的离子会随着大量出汗而流失,电解质流失过多很可能出现肌肉无力、心脏节律紊乱、肌肉抽搐、运动能力下降、易疲劳等不良运动状态。因此要注意运动健身期间电解质的补充,一般以补充运动饮料的方式进行。

(六)水代谢

人体百分之七十是由水构成的,水分是组成生物体的重要成分,是维持生命所必需的物质。保持体内水分代谢平衡是维持机体正常生命活动的重要保证。

水的获取:体内大部分水分是从食物和饮料中而来的,只有小部分是由体内物质代谢过程中产生的。水在机体的细胞中以两种形式存在:一种是游离水,约占95%,形成细胞内液和细胞外液;另一种是结合水,约占4%~5%。随着细胞的生长和衰老,人体细胞的含水量会逐渐下降。

水的排泄:人体内水的排出形式主要是通过肾脏以尿液的形式排出体外,其次是通过皮肤、肺以及随粪便排出。人体剧烈运动时,体内产热量增加,水分排出及维持体温恒定的主要途径就是出汗。

休闲体育健身过程中,人体的水排出量会增加,大量失水会导致机体内部水环境的变化,进而影响相应的生理活动的正常进行,严重失水会造成机体脱水而降低运动能力。因此应重视机体水分供给变化情况,注意保持机体的水分平衡。

二、休闲体育健身过程中的能量代谢

通过新陈代谢,机体分解能源物质,为运动供能,这就是机体的能量代谢过程。人体的能量代谢对人体的各种运动能力和机能水平具有决定性的影响。通常,把人体能量代谢分为磷酸原供能系统、糖酵解供能系统和有氧氧化供能系统三大系统。具体分析如下。

(一)磷酸原系统供能

在供能代谢中,ATP(三磷酸腺苷)、CP(磷酸肌酸)都通过高能磷酸基团的转移或水解释放能量,通常把ATP、CP这种含有高能磷酸基团的物质称为磷酸原。将ATP、CP分解释放能量和再合成的过程,称为磷酸原供能系统或ATP-CP供能系统。

ATP是人体内瞬时能量的供体,而不是能量的贮存形式。

第四章　休闲体育健身涉及的多元化科学原理

运动时,肌肉内 ATP 分解直接供能,这是人体内能量代谢的中心环节。ATP 水解的放能反应可以为各种需要能量的生命过程供能,完成各种生理功能。磷酸原系统供能特点大致为:供能总量不大,持续时间很短。但是它供能快速,是细胞唯一直接利用的能量来源,其能量输出的功率最高。

根据磷酸原供能规律,在健身训练过程中,应合理安排休息间歇时间。如果间歇时间太短,ATP-CP 恢复量少,则重复运动时的部分能量由糖酵解提供,使血乳酸水平明显上升。这时发展 ATP-CP 供能是不利的。反之,休息间歇时间过长,ATP-CP 虽能完全恢复,但不足以刺激 ATP-CP,不利于 ATP-CP 供能能力的提高。

(二)糖酵解系统供能

糖酵解系统供能为机体的长时间运动提供能量,一般的,当机体运动持续的时间在 10 秒以上且强度很大时,ATP-CP 供给的能量就无法使机体所需能量得到满足。运动所需的 ATP 再合成的能量主要靠糖原酵解来提供。

肌糖原是糖酵解供能系统的能量原料,在强烈的运动训练中,机体耗氧量大,机体氧供应不足,人体骨骼肌糖原或葡萄糖酵解,释放出能量合成 ATP 并产生乳酸。研究表明,在无氧情况下,1 摩尔或 180 克糖原理论上可产生 2 摩尔或 180 克乳酸及 3 摩尔 ATP。这种糖经过一系列代谢反应生成乳酸,并释放能量的过程,称为糖酵解途径或糖酵解供能系统,此过程是在细胞质中进行的一连串复杂的酶促反应,可以简单表示如下。

$$骨骼肌糖原或葡萄糖 \xrightarrow{糖酵解} ATP + 乳酸$$

乳酸能系统供能的特点是,无氧酵解供能,不需要氧,产生乳酸。乳酸是一种强酸,其在体内积聚过多会对内环境的酸碱平衡产生一定的破坏作用,使肌肉工作能力下降,造成肌肉暂时性疲劳。

磷酸原系统和糖酵解系统供能最大的生理意义为,缺氧环境极限运动下迅速供能。在极量强度运动中,随着ATP、CP迅速消耗,糖酵解供能过程在数秒内即可被激活,运动持续30秒钟左右时供能达最大速率,1~2分钟后供能速率下降,机体运动能力下降。

(三)有氧氧化系统供能

有氧运动中(机体内氧的供应充足),机体运动所需的ATP便主要由糖、脂肪的有氧氧化来供能,该供能系统被称为有氧氧化系统。

1. 糖的有氧代谢

体育健身过程中,当氧供应充足时,肌糖原或葡萄糖可被彻底氧化分解成 H_2O 和 CO_2,并释放大量能量的过程,即糖有氧代谢。用公式可简单表示如下。

$$骨骼肌糖原或葡萄糖 \xrightarrow{有氧氧化} ATP + CO_2 + H_2O$$

2. 蛋白质的有氧代谢

蛋白质供能代谢不是人体运动所需能量的主要来源。在长时间大强度运动中,人体内存在蛋白质降解和氨基酸参与供能的情况。但即使当食物中供糖不足或糖被大量消耗后,蛋白质供能也很少。

3. 脂肪的有氧代谢

脂肪参与供能只能通过有氧代谢这一途径,因此,有氧运动可有效燃烧脂肪,达到瘦身健美的目的。脂肪的有氧氧化过程用公式可简单表示如下。

$$脂肪 \xrightarrow{有氧氧化} ATP + CO_2 + H_2O$$

有氧氧化系统可以保证人体参与长时间的耐力活动,是耐力素质发展的重要基础。

第四章 休闲体育健身涉及的多元化科学原理

第三节 休闲体育健身的心理学基础

休闲体育健身过程伴随着丰富的心理活动,了解健身过程中的各种心理影响因素及心理活动过程,有助于调整心理,保证健身活动的顺利进行。

一、休闲体育健身者的心理影响因素

(一)心理定向

所谓心理定向,具体是指动作开始以前以及完成动作过程中心理的准备状态和注意的指向性。心理定向能够造成诸多积极的综合反应,并且促进心理活动的调整。

心理定向与运动健身密切相关,准确的心理定向对于健身运动者正确掌握和提高技术动作非常重要,能够帮助运动者的动作在内容、结构等方面调整得完全符合技术特点,这样健身者运动时就能够及时在头脑中设计完成各种动作过程。

休闲体育健身运动中,健身方法和手段不同,会引导健身者形成不同的心理定向,进而使健身者形成不同的技术特点和技术风格。其根本的原因在于,心理定向不同,运动者的注意力集中点不同,形成的技术动作也不同。

(二)动机

动机是个体的内在过程,具体是指推动个体从事各种运动的心理及内部动力。根据不同的分类标准,可以将动机分成不同的种类,具体如下。

根据需要的性质,可将动机分为生物性动机和社会性动机,前者是指以生物性需要为基础的动机,如因饥饿、口渴而产生的

动机;后者主要是指以社会性需要为基础的动机,如成就动机、交往动机,很多人是出于健身、扩大交际范围而参与休闲健身运动的。

根据动机来源分,可以将动机分为内部动机和外部动机两种。内部动机是以生物性需要为基础,如在运动过程中体验到强烈的满足感的动机。内部动机能够从内部驱动运动者的运动行为,对人起到激发作用,其行为的动力就是运动者内部的自我动员;外部动机是通过参与运动而获得奖励来满足自身社会性需要的动机,其行为的动力来自外部的动员力量。

根据兴趣分,可将个体的动机分为直接动机和间接动机。直接动机是指以直接兴趣为基础,指向运动本身的动机。对运动项目本身感兴趣,认为在运动过程当中能够将其潜力显现得淋漓尽致,使自己获得极大的满足,受到这种思想驱动的动机就是直接动机;间接动机是指以间接兴趣为基础,指向活动结果的动机。如运动者为提高运动水平、获得荣誉而积极参与运动训练,这就是间接动机的结果。

要使运动者积极参与休闲体育健身运动,并能长期坚持,就需要重视健身动机的培养。首先,要重视运动健身的娱乐性,满足乐趣需求,如在休闲体育运动健身初期,一定要合理选择健身内容,科学安排训练时间和负荷,选择对运动者比较有吸引力的运动内容和项目。其次,重视通过强化手段培养动机。通过对个体之外的各种刺激,包括各种生物性和社会性因素的刺激,激发运动者参与休闲体育健身的积极性与主动性。最后,重视自我调整。运动者对自身的各种情况更加了解,如果能够学会自己制定健身计划,那么可能使健身计划变得更加完善。树立良好心态,正确对待休闲体育健身,往往更能使运动者保持健身热情,长期坚持下去。

(三)认知

认知,又称认识,指人认识外界事物的过程。人的认知能力和体育运动健身锻炼是相互影响的。

第四章 休闲体育健身涉及的多元化科学原理

首先,运动健身促进认知,训练对人的认知能力有着非常重要的促进作用。运动者在运动过程中能够对外界物体做出迅速、准确的感知和判断,同时也能迅速感知和调整自己的身体,从而更好地完成动作。长期参与训练能够使人变得灵活、敏锐,充分锻炼人的判断能力、记忆能力和思维能力。实践证明,长期的运动健身训练可以提高个人智力水平,也可以提高个人的记忆、注意、思维、反应和想象等能力,还可以稳定情绪,使性格开朗、延缓衰老等。

其次,认知提高可提高运动健身效率、效果。个体认知能力的提高对运动者的运动训练是十分有利的,这些非智力成分对于提高和发展人的智力水平有着非常重要的作用,并能促进个体在体育健身过程中快速学会技术动作和领会动作要点,准确、高效地完成动作。

(四)情绪

情绪是一个非常重要的心理活动影响因素,运动心理学研究表明,情绪在运动者的体育运动健身过程中的影响作用很大。情绪对个体动作技术的掌握起着非常重要的作用,具体表现在以下两个方面。

一方面,良好的情绪可以起到"增力"作用,如明显地增强人的活动能力,使人体运动能力进一步等。

另一方面,不良情绪的"减力"作用则是显而易见的,具体表现为精神不振、无精打采、心灰意冷、注意力不集中等。

休闲体育运动娱乐性强、新奇刺激,但是要真正长期从事一项或几项休闲体育运动项目,就必然要掌握相应体育运动项目的动作技术内容并不断练习,这一过程往往是枯燥的,如果运动者没有良好的耐心,情绪焦躁,就很难掌握好动作技能,可见,良好情绪的培养是非常重要的。

(五)意志

意志是人为了实现确定的目的,而支配自己的行为,并在运动时自觉克服困难的心理过程。意志与行动之间具有密切的关系。

具有坚强的意志品质对于运动者掌握动作技能,提高身体素质水平和运动水平等具有重要作用。具体表现如下。

(1)健身初期,一些动作对于未接触过该项运动的人来说比较难完成,容易给运动者增添畏惧心理,而坚定的意志则有助于运动者克服这种畏惧恐慌的心理,顺利完成动作。

(2)健身期间,运动者机体肌肉有时会处于非常高的紧张程度之下,需要高度集中注意力,有时甚至需要完成一些具有一定难度的动作,此时在意志力作用下能够满足完成动作的需要,并克服外部和内部因素干扰。

(3)健身活动持续一段时间后,需要运动者的机体各系统全面运转,容易导致疲劳,甚至是运动损伤的产生,意志坚强者能够克服由于疲劳和运动损伤而产生的消极情绪,顺利完成本次健身活动,并在以后的时间里持续参与健身锻炼。

(六)注意力

注意力是个体心理活动对一定对象的选择性指向和集中,是个体的一种心理状态。

良好的注意力要求运动者具有一定的注意广度、深度,并能集中注意力,对于运动者接受新的运动训练知识和技能知识的速度加快具有重要的帮助作用,这有助于运动者更快、更准确地掌握技术动作。

二、休闲体育健身中的个性心理特征

(一)性格

性格是指个人对现实的稳定的态度和习惯化的行为方式。是个体个性的一个方面。性格是现实社会关系在人脑的反映,个

第四章　休闲体育健身涉及的多元化科学原理

人对现实的稳固态度和采取某种行为方式,都是一定思想意识和行为习惯的具体表现。不同性格的人,如喜静或喜动,会倾向于选择不同的休闲体育运动项目。

当然,人的性格是会发生变化的,如一个胆小、害怕改变和冒险的人,经过长时间的运动训练和多次比赛,很可能变成一个胆大、勇敢和富于冒险精神的人。通过参加不同类型的休闲体育健身项目,可以促进个体良好性格的形成及完善。

(二)气质

气质是指人的心理活动的稳定的动力特征。不同气质类型的人的神经系统表现特点不同,因此也会有不同的行为表现(表4-1)。

了解或鉴定不同人的气质类型,对运动者科学选择与参加休闲体育健身运动计划指导、教学训练指导、运动管理等都具有十分重要的参考作用。

表4-1　高级神经活动类型及特性与气质对照表

神经系统的特性及类型				气质	
强度	平衡性	灵活性	特殊现象的四种类型	气质类型	主要心理特征
强	不平衡(兴奋占优势)		不可抑制型(兴奋型)	胆汁质	精力充沛,情绪发生快而强,言语动作急速而难以自制、内心外露、率直、热情、易怒、急躁、勇敢
强	平衡	灵活	活泼型	多血质	活泼爱动,富于生气,情绪发生快而多变,表情丰富、思维言语动作敏捷、乐观、亲切、浮躁、轻率
强	平衡	不灵活	安静型	粘液质	沉着冷静、情绪发生慢而弱,思维、言语、动作迟缓,内心少外露,坚韧、执拗、淡漠

· 103 ·

续表

神经系统的特性及类型			气质
弱	不平衡（控制占优势）	弱型（抑制型）	抑郁质	柔弱易倦，情绪发生慢而强，易怒而富于自我体验，言语、动作小、无力、胆小、忸怩、孤僻

（三）能力

能力是指顺利完成某种活动必备的心理特征，包括观察力、记忆力、思考力、想象力和注意力等。

能力是运动者掌握运动技能、提高运动成绩的基础，在参加体育运动的过程中，特别要注重个人基本能力的培养。如人与人之间能力类型的差异（有人擅于形象思维，有人擅于抽象思维），能力表现早晚的差异、能力发展水平的差异（如有人聪明、有人愚笨；有人敏捷、有人迟钝）等。

三、健身者运动技能学练的心理过程

（一）感知过程

1. 运动与感觉系统

（1）动觉：又称"运动觉""本体感觉"，这一感觉负责将身体运动的信息传输给大脑，它是发展高水平运动技能的关键。

（2）视觉：视觉对运动训练来说是至关重要的，其中最重要的一点就是与同伴的动作配合离不开视觉的帮助。

（3）听觉：可在健身锻炼活动中有效诱发运动者动觉中枢的兴奋，使人产生强烈的节奏感，引发听觉和动觉的联合知觉，促进运动者感知、学习新的技术动作。

（4）触压觉：非均匀分布的压力在皮肤上引起的感觉，分为触觉和压觉两种。良好的触压觉是运动者掌握正确动作的基础。

第四章　休闲体育健身涉及的多元化科学原理

体育运动健身锻炼过程是运动者对不同技术动作的学习和练习过程,需要运动者多个感觉器官的共同参与。

2.运动与知觉系统

(1)空间知觉:包括方向知觉和距离知觉,能帮助运动者确定动作的正确空间位置。

(2)时间知觉:对时间长短、快慢、节奏和先后次序关系的反映,揭示出客观事物运动和变化的延续性和顺序性。对运动者准确把握动作各环节的完成时间形成正确动作技术具有重要作用。

(3)运动知觉:对运动者把握正确的动作要领以及动作时间、空间变化有重要影响,良好的运动知觉可促进运动者运动技能的提高。

(二)记忆过程

记忆是学习理论知识和实践动作技术的重要前提和基础,如果没有记忆,人就无法学习。

在休闲体育健身过程中,与健身活动联系密切的更多的是运动记忆,运动记忆与人体的肌肉活动密切相关。

运动记忆有短时运动记忆与长时运动记忆之分,短时运动记忆的遗忘速率会随着时间的变化而变化,先快后慢,但记忆内容并不会全部忘记。而长时运动记忆是指学习一项运动技能,在熟练掌握后能够记忆相当长的一段时间,是运动者形成良好的动作自动化的基础。

(三)思维过程

思维,是个体对大脑所获取的内部信息和外界信息的整理、归纳、总结。认知心理学研究表明,在体育锻炼中,运动者的操作思维能够有效反映肌肉动作和操作对象的相互关系,因此运动者对运动技能的掌握以及表现都离不开发达的操作思维。正是由于思维的存在,运动者才能正确认识动作、分析动作的完成过程,并通过练习准确掌握技术动作要领完成技术动作。

(四)意志过程

意志是在认识的基础上,情感的激励下产生的心理活动,是在机体生理和心理疲劳状态下,通过心理暗示保持运动健身活动继续的强大精神动力。

长时间、长期的休闲体育健身活动会消耗运动者巨大的生理能量,对运动者的精神、精力、时间等都是一个严峻的考验。

体育健身锻炼过程中,需要克服各方面的困难,包括主观上的和客观上的,运动所必需的注意力高度集中、紧张而迅速的思维、不断变化的强烈的情感体验等,消耗大量的心理能量。因此,必须有坚强的意志,以保证本次健身活动和长期健身的持续进行。如此才能收到良好的健身效果。

休闲体育健身活动初期,机体兴奋性高,容易坚持,但要长期持续进行,运动者就必须充分发挥自己的主观能动作用,具有坚强的意志品质,即明确的目的性、行为的自觉性、对困难能勇敢坚定去克服,否则就会致使健身活动中断,前功尽弃。

第四节 休闲体育健身的运动学基础

一、休闲体育健身的运动学理论

(一)运动素质转移理论

运动素质的转移,主要是指某些素质的发展会引起其他素质的发展,为了能够取得理想的训练效果,运动训练者应熟练掌握运动素质转移的基本理论及内在规律。

休闲体育健身过程中,如果不同运动素质的能量供应来源基本相同,通过相同内容训练可使这两个或多个不同运动素质都得

第四章 休闲体育健身涉及的多元化科学原理

到发展;而技术动作结构的相似性也有利于促进运动素质的积极转移。此外,有机体系统构成的整体性是影响运动训练过程中运动素质转移的重要机制。休闲体育健身过程中,运动训练者所表现出的运动素质是在中枢神经系统的支配下发挥各器官系统的综合作用的结果,机体这些器官功能的提高自然有利于其他运动素质的发展。

任何运动项目都需要运动者多种身体素质的共同参与。科学的体育教学训练就是要促进运动者不同身体素质之间的相互促进的良性转移,并最终促进运动者体能素质的整体提高。因此,休闲体育健身中促进运动素质良性转移有利于高效完成健身活动并提高运动水平。

(二)运动技能形成理论

运动的生理机理是以大脑皮质活动为基础的暂时性神经联系。因此,人体掌握运动技能的生理本质,就是人体建立运动条件反射的过程。运动训练中,运动者的各项运动条件反射是由多种简单的非条件反射综合起来共同构成的,具体表现为,运动者大脑的各器官发育成熟后,机体在这些非条件反射的基础上,经过听觉、触觉、视觉和本体感觉与条件刺激物多次结合,从而形成了简单的运动条件反射(具体表现为各项运动训练技能的发挥)。简单的运动条件反射的不断重复和多种简单的运动条件反射的综合,就实现了运动者对复杂运动技能的掌握。

二、人体运动系统构成与运动影响

(一)肌肉构成与运动

1.肌肉的构成

肌肉是人体运动系统的构成基础,具有非常重要的地位。肌肉最基本的组成单位是肌纤维,许多肌纤维通过有机的排列组成肌束,表面有肌束膜包绕,许多肌束聚集在一起构成一块肌肉。肌组织和结缔组织分别构成肌肉的收缩成分和弹性成分,肌组织是肌肉的收缩成分,人体通过肌纤维的主动收缩和放松,完成各种肢体运动。

骨骼肌是肌肉的一种,附着于骨骼上的肌肉,是运动系统的主体部分。骨骼肌在神经系统支配下,通过收缩牵动骨骼,或维持人体处于某种姿势,或产生人体局部运动及整体运动。

2.肌肉与运动健身的关系

长期科学从事休闲体育健身活动,可使机体的肌纤维内蛋白质合成增强,肌纤维变粗,肌肉营养性肥大,有利于增加肌肉力量,提供肌肉工作效率,延长肌肉寿命。如运动性心脏的形成,能增加每搏血氧输出量,使心脏更具活力、更健康、使用期限更长。

(二)骨构成与运动

1.骨的构成

骨是人体运动系统的重要构成部分,对运动者参与运动训练起着非常重要的作用,如支撑功能、造血功能、储备钙和磷的功能、运动功能等。

(1)支撑功能。骨与骨相互连接,构成坚固的支架,支持身体局部或整体的重量,使人体得到一定的身体轮廓和外形。

(2)保护功能。骨通过构成体腔的壁,对腔内的重要器官进行保护,如脊柱对脊髓的保护、胸廓对心和肺的保护、骨盆对膀胱和子宫的保护等。

(3)运动功能。作为运动的杠杆,骨在神经系统的调节下,当肌肉收缩时,能够通过对骨绕关节的运动轴进行牵引而产生各种运动。

2.骨与运动健身的关系

休闲体育运动健身可使骨骼强壮,促进骨骼生长。

第四章　休闲体育健身涉及的多元化科学原理

一方面,研究证明,高强度的负荷运动可使骨皮质加厚、骨骼增粗、骨小梁排列密集。这些都会增强骨的强度和坚固性。经常参加休闲体育健身运动的人,即使因外伤骨折,愈合速度也比常人快。

另一方面,在人体的成长发育过程中,经常参与休闲体育健身运动,能够促进骨骼的生长发育,如经常进行跑、跳、球类及体操等项目运动,能促进胸廓和长骨的发育,使胸围增大、身高增高。

(三)关节构成与运动

1.关节的构成

关节的存在使得人们可以完成各种运动,人体的运动都与关节联系密切。在骨骼肌的牵引下,运动环节(指两个相邻关节之间的部分)可绕关节的某一轴运动,从而使人体完成各种运动。具体来说,关节运动的基本形式主要包括以下四种。

(1)屈伸运动:屈和伸运动环节在矢状面内绕冠状轴的运动。

(2)外展与内收运动:外展和内收运动环节在冠状面内绕矢轴的运动。

(3)环运动。

(4)环绕运动:旋转运动环节在水平面内绕垂直轴的运动。

2.关节与运动健身的关系

运动实践表明,通过运动健身过程中提高增强参与关节运动的原动肌力量,能提高机体对抗肌的伸展性,同时,也进一步提高关节囊、韧带的伸展性,增大关节的运动幅度,提高关节的灵活性,这对运动者专项移动技能的提高意义重大。

关节通过韧带连接,韧带的相连可以加固骨与骨之间的关节,肌腱附着于骨上。由于韧带和肌腱是通过互相协作来发挥作用,因此运动锻炼对其影响也相似。科学的休闲健身能使人体的关节软骨增厚,结缔组织增加,耐压缩性增强,增加肌腱和韧带以及它们在骨上附着点的强度,有助于提高韧带拉力的耐受性。

第五章 休闲体育健身的安全保健

在休闲体育健身的实践当中需要相应的安全保健知识作保障,只有这样才能够保证运动者的健身活动取得预期的效果。休闲体育健身活动中需要注意的安全保健问题很多,涉及生理、营养、医学等很多相关学科。本章将分别从营养补充、疲劳消除以及伤病防治三方面对休闲体育健身的安全保健进行具体分析。

第一节 休闲体育健身的营养补充

一、营养素

(一)营养素的概念与分类

营养素是指食物中经过消化、吸收与代谢能够维持生命活动的物质。目前,已知人体必需的营养素包括 42 种,大致可以划分为六大类,即蛋白质、脂肪、糖类、矿物质、维生素与水。

(二)休闲体育健身与营养素

休闲体育健身与营养素存在着密切的联系,下面具体就休闲体育健身与各种营养素之间的关系进行分析。

1.休闲体育健身与蛋白质

蛋白质是一种化合物,它主要是由碳、氢、氧、氮元素构成。

第五章　休闲体育健身的安全保健

蛋白质是一类重要的生物大分子,同时也是生命存在的基础。

相关研究表明,运动员的个体蛋白质需要量要高于普通的群体,经常进行力量训练运动者的蛋白质需要量要比进行耐力训练运动者的大。但是,目前还没有确切的证据证明经常食用特高蛋白膳食能明显增强运动能力的观点。

2.休闲体育健身与脂类

脂类是脂肪与类脂的总称,是生物体中的一类化学组成与化学结构都存在很大差异的重要有机物。脂类不溶于水,但是却溶于有机溶剂,它包括常温下呈固态的动物脂肪以及常温下呈液态的植物油。类脂与脂肪的结构存在一定的相同之处,食物中的类脂主要包括磷脂与胆固醇。脂类是机体获得能量的一项非常重要的来源。

脂肪代谢产物的积蓄不仅会在一定程度上降低人体的耐力,同时还会引起身体疲劳的产生;而脂肪摄入过多则会造成一些营养素的吸收率下降,而且常常会带入胆固醇并引发高血脂症。因此,休闲体育健身者应该合理摄取运动膳食中的食用脂肪量。

3.休闲体育健身与糖类

糖类是一种含多羟基的醛或酮的有机化合物,也称"碳水化合物"。基本上一切生命机体中都包含有糖类,其主要生物学作用是作为机体的能源物质与部分糖类分子参与细胞结构的组成。富含糖类的食物种类主要有蔗糖、谷类食物以及水果等。

除了一些常规的食物以外,运动饮料也是人体获得糖类的一种重要来源。运动饮料当中的糖类往往具有科学的配比,休闲体育健身运动者通过饮用运动饮料就能够有效弥补运动时身体对于糖类物质的摄入不足,同时显著增强自身的体力,从而使健身运动所获得的效果更加明显。合理选择糖类同样是提高糖类补充效果的重要方法,运动个体不同,他们的身体对于糖类的需求量以及吸收之后的反应也存在很大的不同,因此休闲体育健身运动者应该通过有效的方法来选择适合自己的糖类补充方式与剂量。

4.休闲体育健身与维生素

维生素是维持人身体生长与正常生命活动所必需的一种有机化合物,在人体组织结构当中,维生素并不是构成身体的一种原材料,同时也不能够为身体提供相应的能源。维生素主要是作为一种调节性物质,当人体内部进行代谢时才会发挥相应的作用。维生素并不是在人的身体内部形成的,而是主要通过饮食途径来得到的。人体对于维生素的需求量虽然不大,但它仍然是维持生命的一种不可或缺的营养素。

在休闲体育健身过程中,合理补充维生素是必需的。需要特别注意的是,运动者补充维生素的剂量一定要适当,补充过多或者不足都是不可取的。运动者还应该尽可能选择多种不同的食物进行维生素的补充,避免补充形式的单一。

5.休闲体育健身与矿物质

矿物质指的是相对于人体而言的碳、氢、氧、氮以外的无机元素的统称。根据矿物质在人体内含量的不同以及人体对于各种矿物质的不同需求量,可以把矿物质具体划分为常量元素与微量元素两种。矿物质是组成机体组织的重要材料,它在维持机体的酸碱平衡、渗透压的稳定以及组织正常兴奋性等方面都发挥着非常重要的作用。

矿物质所包含的种类多种多样,不同矿物质与运动之间的关系也存在很大的不同。

6.休闲体育健身与水

人体中水的含量主要是由水的摄入与排出之间的平衡进行调节的。通常来讲,正常水的摄入量是保持身体健康的必要条件,水的过量与缺乏都会对身体的机能造成不利影响。另外,机体对于水的需求量与机体的自身状况、外部自然环境、营养膳食情况等方面都存在着非常密切的联系。

二、休闲体育健身的营养补充

(一)休闲体育健身营养补充的必要性

营养与健身运动之间存在着密切的关联,营养的补充对于健身运动的效果会产生很大的影响,而健身运动者在健身运动过程中所造成的能量消耗在健身运动过后需要合理的膳食营养进行有效补充。如果健身者在健身过程中所造成的能量损耗得不到及时有效的补充,那么健身者的机体必然会处于一种亏损的状态,长期在这种状态下就会对健身者的身体健康产生很大的消极影响,其身体的运动能力与水平也会持续降低,甚至还会出现疲劳、疾病等状况。

运动健身与营养补充是维持并促进运动者机体健康的两项重要条件,这就要求运动者应该以科学的营养补充作为物质保证,同时采取各种科学的健身手段,通过运动的消耗过程实现运动之后超量恢复过程,这样才能够使健身者的机体积聚更多的能源物质,其身体各个器官系统的功能也才会得到有效的提升。

(二)休闲体育健身营养补充的总体安排

营养补充是通过体育健身者的一日三餐实现的,因此健身者摄取食物当中所含有的热量与营养素应该与健身者自身在健身过程中所消耗的能量与营养素实现一种平衡。具体来讲,要想获得更好的休闲体育健身效果,健身者主要应该把握好以下几个方面的问题。

1.适宜的食物数量与质量

体育健身者在日常饮食选择具体的食物时,应该注意对主食的适宜摄取。这主要是由于,主食当中含有非常丰富的糖类,如米饭、面食等,这样就可以供给机体充足的能量。快速释放能量的糖类可以在人体当中制造适当的压力,从而刺激皮质醇的产生。因此,体育健身者在开始进行体育健身时,运动之前尽可能不食用葡萄糖、糖果以及其他含有糖分的食物,同时也不要摄入过量的肉质食品,否则不但不能够为运动者提供相应的能量,反而会对运动者的机体造成一定的负面影响,长期如此甚至会导致各种疾病的产生。

另外,健身者还应该多摄入各种蔬菜与水果,也可以适当增加生食的蔬菜,这样能够更大程度上减少营养素的损失。应该不吃或者尽可能少吃油炸类的食品,这样能够有效防止脂肪在体内的堆积。

2.食物的营养要平衡且多样化

酸性食物或碱性食物并不是指味道酸或者碱的食物,而是指食物在体内消化吸收与代谢之后产生的阳离子或者阴离子占优势的食物,因此在实际生活中我们并不能够从食物的味道上来对食物的酸性或碱性进行直观的划分。

在体育健身之后,健身者不宜摄取鱼、肉等酸性食物,这样很容易导致运动者生理方面的酸碱失调。在进行完运动之后,人体内的糖类、脂肪、蛋白质会被大量分解而产生酸性物质,这些物质会对人体组织器官产生刺激,运动者会感到肌肉、关节酸胀以及精神方面的疲乏。鱼、肉等都属于酸性食物,在运动之后食用这些食物会使人体液的酸性更加加剧,这就会对运动者身体肌肉、关节以及身体功能的恢复产生不利影响。因此,体育健身者在运动之后应该多食用一些蔬菜、豆制品、水果等碱性食物,这样才能够有效保持人体内的酸碱平衡,运动者在运动之后所产生的身体疲劳现象也会得到有效的消除。常见的碱性食物主要有菠菜、四季豆、南瓜、西瓜等。

3.注重一日三餐的膳食营养

运动者应该根据自身的运动量与实际情况对自己一日三餐的食物种类与数量进行科学的安排。

体育健身者对两餐之间的间隔以及每餐的数量与质量都应

该进行科学的安排,尽可能使自己的日常进餐与日常生活制度及自身的生理状况相适应,这样也能够实现进餐与消化吸收的协调。除此之外,对于膳食的科学安排还能够有效提高运动者自身的运动效率。通常来讲,一日三餐的具体安排应该让各餐数量的分配与运动的客观需求相适应。

4. 坚持科学的饮食习惯

对于运动者而言,刚刚进食之后或者是直接空腹就开始进行运动对于身体的健康非常不利。科学的做法是,在开始运动之前的半小时,运动者应该摄入少量的食物,这样可以有效防止由于激烈的运动而造成运动者身体功能的紊乱。在进食之后的半小时内,不应该进行剧烈的体力活动,晨练时的早餐最好摄取适量的奶制品、谷类食物以及运动营养品,尽量不食用不易消化的食物。

5. 坚持合理的补水

在进行休闲体育健身运动时,运动者对于水分的摄取量要以满足机体失水量、保持水分的平衡为基本原则,而只依靠口渴感并不能够对机体补水的时机进行准确把握。需要特别注意的是,在运动过程中切忌饮用冰水,因为这样很容易造成人体消化系统出现不良反应。

(三)休闲体育健身营养补充的具体方法

对于休闲体育健身者而言,运动者的健身项目与目的不同,其膳食营养也存在很大的不同。下面就对两种具有代表性健身人群的膳食营养进行分析。

1. 减少脂肪运动者的膳食营养

减少脂肪运动者的主要目的在于调节自身的代谢功能,更好地促进身体脂肪的消耗。

(1)减少脂肪运动者的物质代谢特点

长时间的、运动强度低于70%最大摄氧量的有氧活动有助于提高脂肪的酶活性,促进血浆脂蛋白的转运。在运动过程中,肌组织内三酰甘油供能占总耗能的25%,血浆游离脂肪酸的供能占75%,有氧运动能增加血浆游离脂肪酸的浓度,引起脂肪供能的比例增加,从而使体脂的贮量下降。

在低强度运动时,心肌与骨骼肌组织中的脂肪酸能够完全氧化。这时,脂肪供能是主要的运动能耗。运动性减脂主要通过脂肪组织中脂肪的分解来完成,运动时脂肪细胞内的三酰甘油经脂肪酶的催化水解产生脂肪酸,约有1/3释放到血液中,2/3经过再脂化生成三酰甘油;血浆三酰甘油在脂蛋白脂肪酶(LPL)的催化下水解成甘油和游离脂肪酸;肌内脂肪里的三酰甘油经LPL催化水解成为脂肪酸,脂肪酸进入线粒体氧化供能。

长时间中低强度的有氧运动能够使体内三酰甘油和低密度脂蛋白胆固醇减少,但是高密度脂蛋白胆固醇增高,有助于改善体内脂肪代谢酶的活性,提高体内脂肪的利用率。一般情况下,运动者的体脂百分数比普通人群明显降低,进行长时间低强度运动实验后人体的体脂百分数会有明显下降的趋势。从营养供应的角度来分析,运动减脂就是利用中低等强度的长期有氧运动造成人体中脂类供应的负平衡,充分动用体内脂肪分解供能实现体脂的下降。

在运动过程中,人体由于三大供能系统的输出功率、供能顺序以及供能比例不同,不同运动的贡献率也存在很大的差异。在运动开始时,糖酵解与磷酸肌酸系统供能占主要部分,有氧氧化供能比较少,半小时后主要由有氧氧化进行供能。有氧氧化消耗的原料主要源于糖、脂肪与蛋白质三大营养物质。一般来讲,运动者运动的强度越小,持续的时间就会越长,依靠脂肪氧化供能占人体总能量代谢的百分率就会越高。

(2)减少脂肪运动者的膳食营养安排

对于减少脂肪运动群体来讲,首先应该保持摄入热量的负平衡。膳食提供的能量应该低于机体实际消耗的能量,这样就会造成能量的负平衡,从而使机体长期积蓄的能量代谢掉,使自身的

第五章　休闲体育健身的安全保健

体重逐渐恢复到正常的水平,这也是运动者减脂的重要前提。

同时,减脂运动者还应该对自己一日三餐的饮食量与饮食结构进行科学的安排。通常来讲,早、中、晚三餐的比例各占到总食量的29%、38%、33%,晚饭不要过量。减少脂肪者的膳食应该降低脂肪和糖类的比值,提高膳食中蛋白质的比例,从而使糖类、脂肪与蛋白质三大供能物质的比例适当。

另外,减脂运动者还应该合理选择食物与烹调的方法。这类运动群体应该少吃高糖、高脂肪与高热量的食物。同时,运动者还应该相对减少谷类以及脂肪酸油脂类的摄入,尽可能少吃或者不吃油炸类的食品;炒菜时,尽可能选用含不饱和脂肪酸高的油类并少放;最好用煮、炖、蒸的方式代替炸、煎、炒。

2.增强肌力运动者的膳食营养

增强肌力运动者指的是为了具备更强的竞技能力需要增强肌力的群体。肌力的增加不仅需要建立在科学健身锻炼的基础之上,同时还需要运动者进行膳食营养的合理补充。

(1)增强肌力运动者的物质代谢特点

增强肌力运动人群的物质代谢包括糖类代谢、脂肪代谢、蛋白质代谢以及水、无机盐、维生素的代谢等。

糖类是在增强肌力的健身过程中重要的能源物质。一般情况下,通过力量训练的方法可以有效增强运动者的肌力,而力量训练主要是通过无氧糖酵解与有氧氧化实现供能。运动过程中,物质代谢所释放的能量多被用于肌肉的收缩,运动之后则主要用于合成代谢或者离子的转运过程。对肌力进行锻炼时,身体主要是依靠无氧糖酵解进行供能,因此常常会出现乳酸的堆积,乳酸的长期堆积就会导致肌肉酸痛等症状的发生。因此,对于运动负荷强度的选择一定要坚持循序渐进的原则,这样就能够在一定程度上加速乳酸的代谢。另外,如果体内的糖过量,其中一部分就会通过其他代谢途径转化成脂肪。因此,运动过程中为了减少自身脂肪的含量,运动者应该特别注意糖类的摄入量要适宜。

三酰甘油是脂肪的主要成分,它在不同场所脂肪酶的作用下会被水解成为脂肪酸与甘油。当甘油与脂肪酸进入到人体之后，大部分又重新被合成为脂肪，剩下的就以磷脂化合物等形式被机体所利用。休闲体育健身人群中需要增强肌力的群体，一部分是由于自身体脂的超标，这类人群应该注意控制自身脂肪的摄入，同时还应该有效提升自身脂肪的利用率。通常来讲，运动的强度越小，运动的时间就会越长，依靠脂肪氧化供能所占人体总能量代谢的百分率就会越高。另外一部分人群是由于自我感觉瘦弱而选择增强自身的肌力，这就应该特别注意脂肪的摄入量，不但需要保证能量的供给，同时也不能过量摄入。

运动者增强肌力的目的之一就是增加机体蛋白质的含量，因此增强蛋白质的摄入量就显得尤为关键。补充优质蛋白质是重点，促进机体蛋白质的合成率大于降解率，同时还应该避免机体蛋白质的过度代谢。

水是机体进行生物化学反应的介质，水在人体内构成了体液，用以维持电解质的平衡，同时还能够调节体温、润滑关节、维持长时间的运动。无机盐对于维持机体渗透压与体液的酸碱平衡，以及神经肌肉的兴奋性都有重要的作用。人体正常代谢所必需的有机化合物是维生素，对能量的代谢具有一定的调节功能。通过运动排出的体液，带走了大量的水、维生素以及无机盐，如果补充不及时，就会导致体内代谢紊乱、酸碱失衡，这就会对机体造成消极影响。因此，增强肌力的运动者应该根据自身的具体情况补充水、无机盐、维生素，这是提高增强肌力效果的一项重要措施。

(2)增强肌力运动者的膳食营养安排

对于增强肌力运动者的膳食营养安排，首先应该有合理的膳食比例与组成安排。"日食五餐法"比较适合增强肌力的运动者，五餐总和达到每天应摄取的热量之和。五餐的具体比例为：早餐占全天总量的20%，上午加餐占10%，午餐占30%，下午加餐占10%，晚餐占30%。运动者每天食谱的配备组成为适度的优质蛋白质、较低含量的脂肪加高含量的糖类。其中，蛋白质、糖类与脂肪三种主要营养素的比例应该是3:2:1。馒头、米饭等主食以及山芋、燕麦和土豆等的糖类含量比较高,这些食物是增强肌力运动者的首选。

增强肌力人群还应该多吃碱性食物。一般人的体液呈弱碱性,运动之后体内的糖、脂肪和蛋白质等营养物质会被大量分解而产生乳酸、磷酸等酸性物质,从而让人感到肌肉以及关节的酸胀。这时食用碱性食物让体内酸碱度实现基本的平衡,同时还能够在一定程度上消除运动带来的疲劳。除了蔬菜水果等实物之外,运动者还可以适当补充多种身体必需的维生素。

第二节 休闲体育健身的疲劳消除

一、运动性疲劳的产生

运动性疲劳是指由于运动而引起的人运动能力与身体功能出现短暂下降的现象。这种身体运动能力的下降只是一种暂时的现象,运动者只要通过充分的休息与科学的调整就可以得到有效的恢复。因此,运动性疲劳是运动者运动到一定程度之后身体必然出现的一种生理功能方面的变化,这是一种正常的生理现象。

(一)产生运动性疲劳的原因

具体来讲,导致运动性疲劳发生的原因有很多,运动过程中所产生的运动负荷以及运动性质的不同都会对人体的机能产生相应的影响。

在极量无氧练习时,中枢神经与神经肌肉装置功能的下降以及磷酸原耗竭导致三磷酸腺苷转换速率下降,从而导致运动性疲劳的产生。在极量与近极量有氧强度练习时,导致疲劳产生的原因是氧运输系统工作能力的限制。在进行非周期性练习与混合性的练习时,技术动作的持续变化导致疲劳的产生。

(二)运动性疲劳发生的部位

从大脑皮层细胞一直到肌肉收缩的基本单位,人机体的各个部位都有可能会发生运动性疲劳。

运动性疲劳既可能发生在人体的中枢部位,同时也可能在人体的外周部位发生,按照疲劳发生部位的不同可以将其具体划分为中枢疲劳与外周疲劳两种类型。其中,中枢疲劳指的是由于运动而导致的中枢神经系统不能产生与维持足够冲动给肌肉以满足运动所需的现象,而外周疲劳指的是由于运动而导致的骨骼肌功能下降以至不能够维持预定收缩强度的现象。

二、运动性疲劳的判断

对运动性疲劳及其程度进行准确判断对于提高休闲体育健身的效果非常有利。运动性疲劳的具体表现形式多种多样,疲劳产生的原因及部位也有所不同,因此对于运动性疲劳的判断要做到区别对待。当前,运用多指标的综合测评来判断运动性疲劳状况的观点应用较为广泛,供参考判断疲劳的生理指标、生化指标与心理指标包括肌力测定、血液尿液指标等。

(一)肌力测定

当运动者产生运动疲劳时,运动者机体中参与工作的肌肉力量会下降,通过对工作前后背肌力、握力进行测定能够判定是否产生疲劳。肌力在出现疲劳时会明显下降,并且不能够得到及时的恢复。进行实际测定时,可以选择在早晚各测一次,从而对发生疲劳的程度进行准确判定。

(二)血液尿液指标

一般来讲,血红蛋白、血乳酸、血氨、尿蛋白、尿胆原、血睾酮、皮质醇及血睾酮与皮质醇的比值都是比较常见的血液与尿液指标,这里就不再对其进行赘述。

三、运动性疲劳的消除

(一)消除疲劳过程的一般规律

一般来讲,消除运动疲劳的过程主要可以划分为三个阶段。第一阶段是运动中体内能源物质被消耗并逐渐减少,人体各个器官的系统功能也在不断下降;第二阶段是运动停止之后消耗过程的减少,恢复逐渐占据优势,人体当中的能源物质以及各个器官系统的功能逐渐恢复到原来的水平;第三阶段是运动中消耗的能源物质在运动之后一段时期不仅恢复甚至超过原来的水平,在保持一段时间之后又回到原来的水平。

超量恢复是消除疲劳过程中一种客观存在的规律。运动消耗的程度对于超量恢复的程度与时间有决定作用。在一定的范围之中,人体肌肉的运动量越大,其消耗就会越剧烈,所实现的超量恢复也就越加明显。但是,如果运动者的活动量超出了正常的运动负荷,超过了生理范围,那么疲劳之后的恢复过程也就会表现出一种延缓的状态。

(二)促进机体功能恢复的措施

体内多种因素的共同作用最终导致了运动性疲劳的产生,而采取多种科学合理的恢复措施可以加速运动疲劳的消除以及机体功能的还原,下面就对一些促进机体功能恢复的常用措施进行分析。

1. 改善代谢法

改善代谢法可以有效促进运动者肌肉疲劳的恢复,通过采取整理活动、水浴、蒸气浴、理疗、按摩等方法能够对身体的肌肉进行有效的放松,同时使肌肉的血液循环得到有效改善,使身体在运动之后所产生的代谢物加速排出。改善代谢法的具体方法主要包括以下几种。

(1)整理活动

整理活动是消除运动疲劳的一种较为简单的方法,它一般是在运动者健身结束之后进行的。整理活动主要包括以下两方面的内容。

①慢跑与呼吸体操。这种做法能够有效改善运动者的血液循环,加速下肢血液回流,促进体内代谢产物的消除。

②肌肉、韧带拉伸练习。这种方法能够有效减轻机体在运动之后的肌肉酸痛与僵硬,同时还能够促进肌肉中乳酸的清除。拉伸主要针对运动者运动中主要活动的肌肉和韧带,一般采取静力性拉伸的方式。运动者应该不断加强对身体韧带拉伸的认识,柔韧性较强的身体是机体健康的重要表现。

(2)温水浴

温水浴是消除运动疲劳的一种有效方法。在进行温水浴时,水温高低要适当,一般以40℃左右为宜。进行温水浴的时间通常为10分钟左右,超过20分钟反而会加重身体的疲劳;也可在运动结束半小时后进行冷、热水浴,冷水温度为15℃,热水温度为40℃,冷浴1分钟,热浴2分钟,交替进行三次。

(3)桑拿

桑拿主要是利用高温干燥的环境,加速人体的血液循环,使人体大量排汗,这样就能够使体内的代谢产物及时地排出体外。需要注意的是,桑拿浴的时间不可在运动之后马上进行,这样很容易造成运动者机体的脱水,最终使身体的疲劳程度加重。

(4)按摩

按摩是消除运动后疲劳的一种好方法。通过按摩可以有效放松运动者的身体肌肉,同时还能够使运动者身体局部的血液循环得到有效改善,这样能够增加身体关节的活动度,加速代谢产物的排出。

第五章　休闲体育健身的安全保健

2.理疗

在理疗的具体手段上,常用红外线、生物频谱仪、TDP 灯、生物信息治疗仪等消除运动之后所产生的疲劳。理疗可以有效促进机体的血液循环,显著改善机体的血液供应,这对于营养物质的吸收与代谢产物的排泄非常有帮助,同时还能够达到缓解疲劳的效果。

3.吸氧及空气负离子疗法

吸氧可以有效促进身体的新陈代谢,同时促进体内的微循环,对于运动疲劳的消除非常有帮助。在有条件的情况下,休闲健身者在进行完有一定运动量的健身活动之后可以采取高压氧治疗的方法,这样能够有效地消除运动所产生的疲劳。空气负离子可以显著改善机体肺的换气功能,同时有效增加氧吸收量与二氧化碳排出量,改善大脑机能,有效刺激机体的造血机能,使体内的红细胞、血红蛋白以及血小板增加,加速血液的流动速度,使心搏输出量加大,毛细血管得到扩张,加速乳酸的代谢,从而有效缓解运动疲劳的症状。

4.神经系统调节法

通过对中枢神经系统进行有效调节,能够降低交感神经的兴奋性,同时提高迷走神经的兴奋性,使机体的合成代谢功能得到增强,机体的疲劳症状也能够得到及时的恢复。具体来讲,神经系统调节法主要包括以下几种。

(1)睡眠

睡眠同样是一种消除运动疲劳的有效手段。良好充足的睡眠是消除疲劳的一种最直接、最有效且最经济的方式与手段,当人体进行睡眠时,大脑皮层的兴奋性会降至最低点,这时机体的合成代谢也最为旺盛,这对于体内能量的蓄积非常有帮助。

(2)放松练习

通过诱导性的语言让运动者由意念来调动肢体,通过对高级中枢的暗示使身体的肌肉得到有效放松,机体的呼吸与循环系统能够得到显著的改善,从而使机体的疲劳尽快消除。

(3)音乐疗法

优美动听的音乐能够让人的神经系统得到很好的放松,使人的心情变得更加舒畅,身心得到有效的放松。作为一种辅助方法,音乐疗法可以配合其他消除疲劳的方法共同来进行,这样就能够显著增强疲劳恢复的效果。

第三节 休闲体育健身的运动性伤病防治

在进行休闲体育健身的过程中还应该做好充分的安全保障,这样能较好地保证健身者的运动安全。本节主要从运动损伤与运动疾病两方面对休闲体育健身的伤病防治进行阐述。

一、休闲体育健身运动损伤的防治

(一)运动损伤的概念

所谓运动损伤,指的是在运动过程中所发生的各种身体损伤,运动训练安排、运动项目和技术动作、运动训练水平、运动环境与条件等因素与运动损伤的发生都存在着很大的关联。对运动损伤发生的原因、治疗效果以及康复规律等问题进行相应的研究,不仅可以有效预防运动损伤的发生,同时还可以对显著改善运动效果等问题提供有价值的依据与有效的指导。

(二)运动损伤的分类

依据分类标准的不同,可以将运动损伤划分为不同的类型。下面就对几种常见的运动损伤分类方法进行具体分析。

第五章　休闲体育健身的安全保健

1.根据伤后皮肤或黏膜完整性划分

(1)开放性损伤

开放性软组织损伤指的是受伤部位皮肤或者黏膜破裂,伤口与外界相通,会有组织液渗出或者血液自创口流出。在运动过程中,常见的开放性软组织损伤包括擦伤、切割伤、刺伤以及撕裂伤等。

(2)闭合性软组织损伤

闭合性软组织损伤指的是身体局部的皮肤或者黏膜完整,并没有裂口与外界相通,损伤时的出血积聚在组织内。闭合性软组织损伤在休闲体育运动过程中比较常见,常见的闭合性软组织损伤包括挫伤、肌肉肌腱拉伤、关节韧带扭伤、滑囊炎、肌腱腱鞘炎等。各种闭合性软组织损伤的病理过程与处理原则存在相通之处。

2.根据受伤的组织结构划分

根据受伤组织结构的不同,可以将运动损伤划分为皮肤损伤、肌肉与肌腱损伤、关节损伤、滑囊损伤、骨损伤、骨骺损伤、神经损伤以及内脏器官损伤等。

3.根据伤情轻重划分

根据伤情轻重程度的不同,可以将运动损伤具体划分为重度伤、中度伤以及轻度伤三种类别。

(1)重度伤:重伤之后,运动者完全不能进行运动训练。

(2)中度伤:中度伤之后,运动者不能够按照既定的计划进行运动训练,这时需要停止患部练习或者减少患部的活动。

(3)轻度伤:轻度伤之后,运动者还能够按照原计划进行运动训练。

4.根据损伤病程划分

一般情况下,按照运动损伤的病程可以将运动损伤划分为急性损伤与慢性损伤两种类型。

(1)急性损伤

通常来讲,急性损伤是由于身体受到较大暴力的作用所引起的,发病往往比较急,病程也相对较短,病理变化与临床症状及体征都比较明显。

当人体的某部位受到巨大的暴力作用之后,身体局部的组织细胞就会被破坏,同时还会导致组织的撕裂或断裂,组织内的小血管也会出现破裂、出血的情况,并伴有组织内血肿。当停止出血之后,受伤部位就会出现反应性炎症。此时,坏死的组织就会被蛋白溶解酶分解,其分解产物会让身体局部的小血管出现扩张、充血,血管壁的通透性也会提高。因此,血液中的液体、蛋白质以及白细胞等,透过血管壁形成渗出液。与此同时,受伤之后的淋巴管会发生损伤性阻塞,淋巴循环出现障碍,渗出液不能够由淋巴管及时运走。因此,除了身体局部会出现血肿之外,同时还会形成水肿现象,这种肿胀产生压迫与牵扯性刺激,会造成身体局部的疼痛进一步加剧,反映在外表上则会出现损伤早期的局部红、肿、热、痛以及功能障碍等一系列急性炎症症状。

(2)慢性损伤

如果急性损伤没有进行正确的处理,那么就会导致慢性损伤的发生。另外,身体局部长期的负荷过度导致的组织劳损也会造成慢性损伤的发生。

慢性损伤的处理主要是通过改善受伤部位的血液循环、促进组织的新陈代谢、合理科学地安排局部的负担量最终实现的。慢性损伤的治疗方法与急性损伤的中、后期基本相同,应该将功能康复锻炼与治疗紧密联系在一起。

(三)运动损伤的处理

在休闲体育健身过程中,对发生的运动损伤进行及时的预防与急救有助于运动损伤的恢复,如果没有进行及时有效的处理就有可能导致非常严重的后果。下面就对休闲体育健身过程中经常出现的一些运动损伤的处理方法进行阐述。

第五章　休闲体育健身的安全保健

1. 擦伤

擦伤主要是由于运动时皮肤受挫所造成的身体损伤。擦伤是肌体表面与粗糙的物体相互摩擦所造成的皮肤表层的损害。

(1)主要症状

擦伤的征象主要表现为表皮剥脱,擦伤之后皮肤出血或者有组织液渗出。

(2)处理方法

通常来讲,对于较轻或者较小面积的擦伤可以使用生理盐水或者其他药水对身体受伤部位进行冲洗,并涂抹红药水或者紫药水,并不需要进行包扎;而对于大面积的擦伤,则应该首先用生理盐水进行清洗,之后在受伤部位涂抹红药水,然后用消毒布对伤口处进行覆盖,最后用纱布包扎,大约一周时间就能够痊愈。

如果面部发生了擦伤,应该涂抹 0.1% 新洁尔灭溶液。由于较大的伤口很容易发生感染,因此应该用碘酒或者酒精对伤口的周围进行消毒,如果创面中嵌入沙粒、炭渣、碎石等,首先应该用生理盐水棉球对伤口进行轻轻刷洗,将异物彻底清除,消毒之后在伤口撒上云南白药或者纯三七粉,盖上凡士林纱布,然后进行包扎。如果没有发生感染,两周左右时间就会痊愈。关节周围的擦伤,在清洗、消毒之后最好用磺胺软膏或者青霉素软膏等涂敷,否则就会对活动造成不利影响,也很容易造成重复破损。

2. 挫伤

挫伤是指肌体某部受钝性外力作用造成该处及其深部组织的闭合性损伤。在休闲体育运动过程中,相互碰撞、踢、顶等动作都非常容易导致挫伤的发生,常见的挫伤部位是大腿的股四头肌和小腿前部的骨膜以及后部的小腿三头肌,另外腹部、上肢与头部的挫伤也时常会发生。

(1)主要症状

挫伤主要以疼痛、肿胀、皮下出血和功能障碍等症状为主。单纯挫伤在损伤处会出现局部的红肿,皮下出血,同时伴有相应的疼痛感。当内脏器官发生损伤时,伤者会出现头晕、脸色苍白、心慌气短、出虚汗、四肢发凉等症状,情况严重时甚至会发生休克。

(2)处理方法

发生挫伤之后,应该立即对伤处进行局部的冷敷,外敷挫伤药,适当加压包扎,同时还应该抬高患者的患肢,这样能够在一定程度上减少患者伤处的出血与肿胀。股四头肌与小腿后群肌肉的严重挫伤很多时候都伴有部分肌纤维的损伤或者断裂,组织内出血形成血肿,在处理这种状况时应该将肢体包扎固定之后,立即送医进行治疗。头部、躯干部的严重挫伤很有可能会伴有休克症状,此时要认真观察伤者的呼吸、脉搏等身体状况,休克时要先进行抗休克的处理,使伤员平卧休息、保温、止痛、止血。对于疼痛剧烈的伤者,可以对患者的肌肉注射杜冷丁。如果判断内脏可能发生损伤,那么就应该在进行临时性的处理后紧急送医治疗。

3.拉伤

拉伤指的是身体肌肉受到强烈牵拉所引起的肌肉微细损伤、部分撕裂或者完全断裂。一般在外力直接或间接作用下,使肌肉过度主动收缩或被动拉长时引起肌肉拉伤,特别是在准备活动不充分、动作不协调时以及肌肉弹性、伸展性、肌力差者更容易发生拉伤。在休闲体育运动过程中,大腿后群肌肉与小腿后群肌肉的拉伤也较为常见。

(1)主要症状

拉伤之后,身体患处一般会出现局部疼痛、压痛、肿胀、肌肉发硬、痉挛、功能障碍等症状。

(2)处理方法

在发生肌肉断裂时,大多会伴有撕裂感,之后身体便失去控制相应关节的能力,在断裂处还能够摸到凹陷,在凹陷附近可以触摸到异常隆起的肌肉断端。身体拉伤之后,应该立即采用氯乙烷镇痛喷雾剂等对伤处进行局部的冷敷,然后加压进行包扎,同时把患肢放在使受伤肌肉松弛的位置,这样能够在一定程度上减轻伤者的疼痛感。肌纤维轻度拉伤及肌肉痉挛者,采取针刺疗法会有很好的疗效。肌肉、肌腱部分或完全断裂者应该对局部进行加压包扎,在固定患肢之后,应该紧急将伤者送往医院进行进一步的治疗,必要时应该进行手术。通常来讲,在拉伤48小时之后才能对患处进行按摩,手法还应该做到轻缓。

4. 撕裂伤

撕裂伤是指受物体打击而引起的皮肤和皮下组织出现规则或不规则的裂口,同时伴有不同程度的出血与污染。在进行激烈运动的过程中或者受到突然的强烈撞击时,肌肉撕裂的状况很容易出现。一般来讲,撕裂伤主要包括开放伤与闭合伤两种类型。

(1)主要症状

常见的撕裂伤包括眉际撕裂、跟腱撕裂等。开放伤会顿时出血,伤处的周围还会出现肿胀;闭合伤触及时有凹陷感以及剧烈的疼痛感。

(2)处理方法

处理轻度的开放伤时,使用红药水涂抹伤口即可。症状较轻者,可以先用碘酒或者酒精对伤处进行消毒,然后再使用云南白药或者其他药物和方法进行止血,之后用消毒纱布将伤处进行覆盖,同时适当加压包扎。如果出血的症状得不到有效的缓解,那么就应该尽量在靠近伤口处绑上止血带,并紧急送医进行治疗。对于伤口较大、较深、污染较严重的情况,应该及时送往医院进行清创缝合手术并口服或注射抗菌素药物预防感染,同时按常规注射破伤风抗霉素。

5. 关节扭伤

关节扭伤指的是身体关节发生异常的扭转,同时造成关节囊、关节周围韧带以及关节附近的其他组织结构损伤。通常来讲,关节扭伤是由于肩关节用力过猛以及反复劳损所导致的,另外也有的由于技术动作的错误以及违反解剖学原理所导致的关节扭伤。

(1)主要症状

在出现关节扭伤之后,关节及其周围会出现疼痛、肿胀的症状,同时还带有明显的压痛感觉,急性期有肿胀,慢性期三角肌可能出现萎缩,关节活动也会出现相应的障碍。

(2)处理方法

在关节扭伤之后,首先要认真检查韧带是否部分撕裂或者完全断裂,受伤的关节是否失去了相应的功能,同时还应该注意以冷敷、加压包扎或者固定关节为主,还要相应外敷活血止痛的药物。对于情况严重的患者,应该紧急送医进行专业的医治。

如果是身体的踝关节发生扭伤,应该马上用拇指压迫扭伤的痛点,同时进行踝关节强迫内翻试验与前抽屉试验检查,这样能够判断身体的韧带是否发生了断裂。对于症状较轻或者少部分断裂的韧带损伤,可用粘带进行支持固定,同时以弹力绷带进行包扎。如果诊断是韧带断裂,应该采用海绵垫或者较大的棉花垫对伤处进行压迫包扎。包扎过程中,应该与受伤时的位置相反,如果踝内翻损伤者,则应该在外翻位置包扎固定,然后送医进行专业的医治。

当膝关节出现扭伤的症状时,应该要对患处进行认真全面的检查,对受伤的身体部位以及受伤的严重程度有一个全面的了解。膝关节侧向运动试验、抽屉试验、麦氏试验,分别可以检查膝关节内、外侧副韧带,前、后十字韧带以及内、外侧半月板的受伤状况。在出现膝关节急性损伤之后,应该马上用氯乙烷镇痛喷雾剂等对伤处进行冷敷。为了有效防止伤处的进一步加重,一般应该采用棉垫或者橡皮海绵加弹力绷带压迫包扎,同时还要抬高伤者的患肢。24小时之后,可以打开包扎,如果出血的症状已经停止,就可采用中药外敷、理疗、按摩等方法。当身体的韧带发生断裂或者半月板出现较为严重的损伤时,应该迅速送医进行专业的治疗。

第五章　休闲体育健身的安全保健

如果是肩关节发生扭伤,首先要进行冷敷,然后进行加压包扎。24小时之后,可以采用理疗、按摩与针灸治疗。如果肩关节的韧带发生了断裂,则应该立即送医进行伤处的缝合与固定处理。在肩关节肿胀与疼痛减轻之后,可以让伤者进行适当的功能性锻炼,但是切不可过早进行活动。

6.关节脱位

关节脱位是指关节面失去正常的联系。在休闲体育健身过程中,健身者出现肩锁关节、肩关节以及肘关节的脱位都比较常见。

(1)主要症状

发生关节脱位时,通常还会伴有关节囊的撕裂,关节周围的软组织损伤或者破裂,受伤关节疼痛,有压痛感和肿胀,关节功能丧失,受伤的关节完全不能活动。身体受伤的部位出现畸形状况,上肢与健肢出现不对称。由于软组织损伤而出现炎症反应,局部疼痛、压痛与关节肿胀,伤者伤处正常的活动功能会暂时失去,情况严重时还会出现肌肉痉挛等现象。

(2)处理方法

为了有效防止关节脱位后的病情加深,应该马上用夹板与绷带在脱位所形成的姿势下对伤肢进行固定,同时尽快送医进行专业的治疗。用长度与宽度相称的夹板对伤肢进行固定。如果临时没有专用的夹板,可以将伤肢固定在自己的躯干或者健肢上,避免受伤的肢体发生震动,并紧急送医进行治疗。需要注意的是,如果没有完全的把握,切不可随意对伤者的伤肢进行整复手术,这很容易造成病情的加重。

当伤者出现肩关节脱位时,应该取三角巾两条分别折成宽带,一条悬挂前臂,另一条绕过伤肢上臂,于肩侧腋下缚结。

如果是肘关节出现了脱位,应该用铁丝夹板弯成合适的角度,然后将其放置于肘后,用绷带缠稳,之后用小悬臂带挂起前臂,也可直接用大悬臂带进行包扎固定。

二、休闲体育健身运动疾病的防治

(一)运动疾病的概念

运动疾病是指运动者在进行健身锻炼、运动训练或者正式比赛时身体所出现的体内紊乱现象或者功能异常的一种症状。

运动疾病普遍存在于从事体育运动的人群当中,常常出现在身体素质较差、训练水平较低的运动群体身上。运动疾病主要是由于运动过量或者运动方法不当所造成的,如由于过度训练所造成的身体疲劳、运动能力下降、失眠、烦躁、食欲不振、消瘦以及运动性的低血糖、贫血、蛋白尿、血尿等;由于过度紧张所引起的运动性胃肠功能紊乱、肌肉痉挛等症状。运动疾病不仅会对休闲体育健身的效果产生很大的消极影响,同时还会对运动者的身体带来很大的负面效果。

(二)运动疾病的特征

具体来讲,运动性疾病的特征主要表现在以下两个方面。

1. 运动疾病与体育运动密切相关

运动超负荷与运动的大强度常常是造成运动性疾病发生的主要原因。运动性疾病并不是由病原体所引发的,它并不具有传染性,如过度疲劳和过度紧张等大多是由于一次或者多次使身体承受的运动负荷超出其承受能力才出现的。

另外,了解运动者的从事体育运动的情况,包括运动史、运动成绩、训练日记、训练内容以及运动过程中的心理状态等,是诊断运动者是否患有运动性疾病的重要手段。只有掌握了这些具体的临床检查资料,才能够对运动者的身体状况进行全面综合的分析,对其运动的情况有一个系统化的了解。

预防运动性疾病的关键在于科学合理地安排健身运动的负荷量。对运动性疾病进行治疗时,也应该从调整运动负荷量与运

第五章　休闲体育健身的安全保健

动强度方面着手,这主要是由于运动负荷量与运动强度不仅是发病的主要原因,同时还是预防与治疗不可或缺的重要因素。

2. 运动疾病的临床表现特殊

从生理机能方面来讲,一般人与高水平的健身运动者之间存在着一定的差别,如高水平耐力项目运动者多存在心脏肥大或者窦性心律过缓的症状,这大多是由于专项系统科学训练的结果所造成的。因此,在区分正常的生理机能变化与病理变化方面,应该根据健身运动者的不同水平进行相应对待。

(三)运动疾病的处理

掌握科学的运动疾病处理方法非常重要,下面就对休闲体育健身过程中常见的运动疾病致病原因、征象表现以及防治措施与治疗方法进行具体分析。

1. 过度紧张

(1)致病原因与征象表现

通常来讲,运动过程中出现过度紧张的原因主要包括:生理状态不佳;运动水平较低;运动者的机体过度疲劳;伤病中断训练之间突然进行大运动量的剧烈活动。另外,患有心血管疾病过于勉强进行剧烈运动也很容易造成过度紧张的发生,情况严重时还有可能导致运动猝死。

当健身运动者在运动过程中出现过度紧张症状时,运动者一般会出现头晕、眼前发黑、面色苍白、全身无力、站立不稳等现象,还有一些患者会出现恶心呕吐、脉搏快速细弱、血压明显下降的症状,情况严重时还会伴有嘴唇青紫、呼吸困难、右季肋部疼痛、肝脏肿大、心前区痛、心脏扩大等急性心功能不全等症状。

(2)预防措施与治疗方法

对于身体素质较低的运动者,不要勉强进行一些紧张的运动训练。在参与休闲体育活动之前,运动者首先应该做好充分的准备活动,同时还应该加强身体的全方位训练,运动量的增加应该始终坚持循序渐进的原则。如果是在患病期间,运动者则应该进行相应的治疗并注意休息,在此期间应该尽量避免进行剧烈的体育运动。伤病初愈或者由于其他原因中断训练之后再重新参与运动训练时,应该逐渐增加运动量,不可马上进行大强度的运动训练。除此之外,运动者还应该严格遵循科学的作息制度,加强科学的膳食营养补充以及休息,同时还要有相应的医务监督。

当运动者在运动过程中出现轻度的过度紧张时,首先要使患者安静平卧,同时还应该注意保暖工作,患者休息一段时间之后,过度紧张的症状就会自动消失。如果发生了脑缺血,这时要让患者平卧休息,头稍低,同时注意保暖,让患者服用热糖水或者镇静剂。对于症状严重的患者,应该使其保持安静,将其平卧,指掐"内关"穴与"足三里"穴。当患者处于昏迷症状时,可以用手掐"人中"穴。对于呼吸或者心跳停止的患者,应该进行人工呼吸或者胸外心脏按压术,并迅速送医治疗。

2. 肌肉痉挛

(1) 致病原因与征象表现

长时间或者大强度的运动很容易导致肌肉结构损伤的发生,肌肉的血液循环与能量物质代谢会发生相应的改变。肌肉中大量的乳酸与代谢废物堆积,肌肉收缩与放松不能协调地交替进行,这时就会出现肌肉痉挛的症状。

肌体在运动过程中会大量排汗,尤其是在高温的状态下长时间进行剧烈的运动会导致电解质从汗液中大量丢失,肌肉的兴奋性会不断增高,最终造成肌肉痉挛的状况出现。在寒冷环境中,身体的肌肉会受到相应的刺激,其兴奋性也会不断增强,这就非常容易导致强直性收缩的现象。另外,肌肉突然受到外力的猛烈打击等也会产生强烈收缩而造成肌肉的痉挛。

肌肉痉挛临床主要表现为发病急,局部发生不自主的肌肉强直收缩,而且在一段时期内不容易得到有效的缓解,痉挛肌肉部位伸屈功能也会有一定程度的障碍。

第五章　休闲体育健身的安全保健

（2）预防措施与治疗方法

为了预防肌肉痉挛的发生，运动者应该做到：加强日常的休闲体育运动训练，不断提高自身机体的耐寒能力与耐久力；在参与健身运动之前应该做好充分的准备活动，对于容易导致肌肉痉挛的身体部位可以事先进行相应的按摩工作；在冬季进行户外运动时，应该注意身体的保暖，夏季则应该注意补充机体的盐分、水及维生素等；游泳下水之前，首先应该先用冷水进行淋浴，如果水温较低，游泳的时间不宜太长，更不能长时间停留在水中；在身体疲劳或者饥饿的状态下，尽可能不要进行剧烈的运动。

一旦出现肌肉痉挛的症状，运动者只要向相反的方向牵引痉挛的肌肉就可以使其得到有效的缓解。牵引过程中，应该做到用力缓慢、均匀，不应该采取暴力的方式，同时还应该避免造成身体肌肉的拉伤。小腿腓肠肌、大腿后群肌肉痉挛应该尽可能伸直膝关节，用力将踝关节充分背伸，要尽量拉长身体痉挛的肌肉。当身体的肌肉得到一定程度的缓解时，还要配合局部揉捏、按压、点掐、针刺有关穴位等手段。

3. 运动中腹痛

（1）致病原因与征象表现

通常来讲，导致运动中腹痛的原因主要包括：运动者在运动之前没有进行充分的准备活动，机体当中的内脏器官无法承受过大、过猛的运动量；胃肠痉挛经常会导致运动中腹痛的出现；在夏季参与剧烈运动时，由于水、盐的大量丢失，身体当中的代谢会出现失调的现象，再加上疲劳的共同作用，很容易造成运动者腹直肌痉挛性疼痛；呼吸节律紊乱。

当运动者进行小负荷或者慢速度运动时，腹痛症状并不明显。随着运动者运动负荷以及运动强度的不断增加，腹痛症状就会逐渐明显。运动性腹痛所发生的部位并不是固定的，通常是由肠痉挛、肠结核引起的腹腔中部处疼痛；在摄入食物之后运动疼痛发生在上腹部或者中部；肝脾膜张力性疼痛，通常是在左右两侧上腹部。

(2)预防措施与治疗方法

预防运动中腹痛的措施主要包括:运动前进行充足的准备活动,运动过程中应该注意呼吸的节律,进行中长跑时应该合理分配速度;加强身体的系统化训练,不断提升自身生理机能的水平;训练过程中需要坚持科学的运动健身原则,应该循序渐进地增加运动负荷;膳食安排要做到科学合理,饭后休息一段时间后才可以进行较为剧烈的运动;在运动之前不应该过饱或者过饥,也不应该大量饮水;对于各种疾患所造成的腹痛,应该到医院检查确诊,同时进行彻底的治疗,在疾病未愈之前应该在医生的建议下进行有关的体育运动。

当运动者在运动过程中出现腹痛症状时,一般应该采取适当减慢速度、按压腹部疼痛部位、调整呼吸等方法。如果采取这种方式疼痛仍然没有得到有效的缓解,这时就应该马上停止运动,必要时应该服用阿托品等解痉药物。如果疼痛没有减轻甚至加重,就应停止运动或揉按内关、足三里、大肠俞等穴位。如果以上措施都没有取得相应的效果,那么就应该到医院进行全面身体检查并进行专业的医治。

4. 运动性贫血

(1)致病原因与征象表现

在休闲体育运动健身过程中,健身者身体的肌肉对于蛋白质与铁的需要量会逐渐增加,当这种需要得不到及时满足时就可能导致运动性贫血症状的发生。另外,由于在剧烈运动时机体的血液流动会加速,这样就很容易导致体内红细胞的破裂,从而造成体内红细胞的新生与衰亡之间的平衡遭到破坏,进而就会出现运动性贫血。

在出现轻度贫血时,安静状态与中小训练量时不会出现症状或者症状不明显,只有在大运动量训练时症状才会明显。在中度与重度贫血时,由于体内的血红蛋白明显降低,其运氧的能力也会受到很大的影响,因此会出现由于缺氧所导致的一系列的症状。总体来讲,运动性贫血的发病较慢,临床表现主要包括头晕、

第五章 休闲体育健身的安全保健

恶心、呕吐、气喘与体力的下降,以及运动之后心悸、心率加快、脸色苍白等。

(2)预防措施与治疗方法

预防运动性贫血具体应该做到:合理安排休闲体育健身的运动量与运动的强度;遵守循序渐进以及个别对待的运动训练原则;运动者应该多食含蛋白质丰富的食物,克服偏食的习惯;更好地补充身体所需的铁元素。

如果运动者在运动过程中出现头晕、无力、恶心等现象,应该立即降低运动量或者停止当前的运动,同时补充富含蛋白质与铁的食物,口服硫酸亚铁。

第六章 不同群体休闲体育健身指导

参与休闲体育健身的群体是多样化的。不同的群体会表现出不同的对休闲体育健身的需求,主要体现在他们对休闲体育项目的选择方面,这是因为并非所有项目都符合不同群体的能力。对于不同群体的划分方式也有很多,如以年龄划分、以性别划分、以社会阶层划分以及以不同残障疾病划分等。本章就具体从不同群体的角度出发,对不同群体的休闲体育健身方法进行科学指导。

第一节 不同年龄群体休闲体育健身指导

一、少年儿童的休闲体育

(一)儿童时期的休闲体育

在实际日常生活中,适合儿童的运动项目有很多,如自由活动、走、跑、攀爬类的活动,跳绳、游泳、垫上运动(滚翻)、体操、足球、篮球、乒乓球、羽毛球、网球、投掷、垒球、冰球、摔跤、武术等活动。在这些项目中,可供儿童选择的休闲体育运动项目也不少,并且不同的运动项目有着不同的效果。选择长时间跑的游戏、游泳、郊游、跳绳等,可以增强耐力能力;选择跳、投等,可以增加力量能力;选择跳舞、打秋千、拍球等,可提高灵敏协调能力;选择体

第六章　不同群体休闲体育健身指导

操、按压等,可提高柔韧能力;而进行多种多样的运动项目则可以使儿童的身体得到全面锻炼。

儿童处于身体发育的关键时期,其身心的发展具有特殊性,因此,在进行休闲体育运动时应注意以下几点。

第一,注意时间和强度的正确选择。时间不宜过长,强度不宜过大,不应超过儿童的身体负荷能力。儿童神经调节机能尚未发育完全,并且呼吸肌发育较弱,肺活量较小,运动中呼吸动作与运动动作在不能很好地配合的情况下,只能靠加速呼吸频率来增大肺通气量。因此,控制运动的强度和时间在儿童休闲体育中非常重要。

第二,提倡休闲体育运动方式的多样性。儿童的身体各器官需要均衡发展,因此多种多样的休闲体育运动形式,有助于提高他们身体的灵活性,增强体质。

第三,保证儿童充足的休息与睡眠。充足的休息和睡眠,有利于儿童更好地进行休闲体育运动。此外,营养的补充对儿童身体的发育作用也不容小觑,这是为他们进行休闲体育运动提供基础。

(二)青春期的休闲体育

青春期是人体急剧变化的时期,身体形态和功能都处于急速增长的阶段。在这一时期,经常进行休闲体育运动能够促进身体形态与功能的生长发育。

青春期可进行的休闲体育运动有很多,在青春期的不同阶段的,可选择不同方式的休闲体育活动,具体如下。

(1)青春发育初期,选择以灵敏性、协调性和柔韧性为主的运动项目,如健美操、广播操、乒乓球、跳绳、踢毽子等。

(2)青春发育中期,选择以速度为主的运动项目,如短距离快跑、变速跑、爬楼梯、爬竿、羽毛球等。

(3)青春发育后期,由于各器官发育日趋成熟,可选择增加速度耐力、一般耐力和力量性练习的项目,如中长跑、登山、游泳、骑自行车、足球、排球、篮球等。

二、青年人的休闲体育

(一)休闲体育运动对青年人的作用

休闲体育运动是青年人生活的重要组成部分,对青年人有着重要作用,这种作用不仅体现在青年人的健身健心方面,还体现在青年人的社会交往方面。青年人步入社会后,在社会中扮演着不同的角色。在社会中,青年人需要和各种不同的人打交道,人际交往往往会成为他们融入社会、适应社会的关键。休闲体育在很多情况下充当了青年人人际交往的手段。青年人热衷于走出家门,参加各类休闲体育活动,如以武会友,以棋会友,在多样的休闲运动中,社会交往的范畴会得以拓宽,与他人情感的交流也会得以促进,从而建立起良好的人际关系,使生活和工作更加愉快而充满活力。

人的心理状态发育在青年时期达到最佳水平,在此阶段,感知、记忆、想象能力均达到成熟水平,心智活动的效率也达到最高水平,理解、分析、推理以及创造思维的能力比较强。一些具备休闲娱乐功能的休闲体育项目成为青年人休闲体育的首选,如象棋、围棋、桥牌和扑克等,从事这些休闲体育运动,不仅可以达到娱乐消遣的目的,还可以起到锻炼思维和促进智力发展的效果。但需把握活动的适度性,否则,便达不到休闲的目的。

青年阶段由于自身的特殊性,经常表现为自控能力差,情绪易激动,容易对事物过度狂热,因此在休闲体育运动中,需要遵循相关准则和道德,养成良好的体育习惯,使得休闲体育运动能够顺利进行,从而获得良好的运动效果。随着年龄的增长,社会角色和生活环境也会不断变化,青年人要培养休闲体育运动的好习惯,有助于为中年时期的健康打下牢固的基础。

(二)青年人参与休闲体育运动的项目

青年阶段人的肌肉、骨骼和各器官系统的发育都趋于完善,体格健壮,体育运动的能力较强,处于进行体育运动的最佳时期。因此,青年人具备了从事所有休闲体育活动的身体条件,可以参加任何形式的休闲体育运动。

青年人进行的休闲体育运动大多数都带有明确的竞赛规则,竞赛性较强,运动的强度中等偏上,内容多为一些篮球、足球、羽毛球、网球、拳击、散打等对抗性和竞技性较强的运动,这与青年人体力充沛、精力旺盛、竞争意识强烈等因素密切相关。

由于青年人身心发展的特殊性,一些新颖的休闲体育运动备受他们青睐,如登山、攀岩、徒步穿越、驾车远游、赛车、山地自行车、轮滑、高山滑雪、潜水、冲浪、江河漂流、空中滑翔、溪降、溜索、蹦极等,这些休闲体育运动新颖冒险,挑战着人体的生理极限,能够满足青年人追求刺激、挑战极限、征服自然的需求。参加这些运动的青年人大都兴趣广泛、爱好多样,自我意识强,具有强烈的探新求异、展示个人魅力的欲望,良好的身体基础和经济独立为青年人从事这些运动提供了基础。当然,这些新兴的休闲体育运动对人的身体素质要求较高,并且花费较大,因此,在进行休闲体育运动时,青年人不能仅凭一时激情便盲目选择休闲体育项目,一定要根据自我的条件,因人而异,选择适合自己的休闲体育运动。

青年时期,人们一般对自己的外在形象比较在意,青年期也是人一生中体型、肌肤、容貌的巅峰时期,青年人具有保持优美体型、健美肌肤和青春容貌的强烈愿望。因此,在选择活动的内容时,一些健美健身运动也是比较受欢迎的项目,如青年人经常会定期去健身房、健美馆或者体操房跳舞、跑步,另外,游泳也是年轻人经常进行的休闲体育运动之一。

三、中年人的休闲体育

(一)中年人参与休闲体育的原则

中年人在进行休闲体育运动的时候也应遵循一定的运动原

则,具体如下。

1. 运动负荷安排要科学、合理

在选择运动量大小的时候,要充分考虑到自己的健康状况和运动经历等一系列具体情况,并根据实际情况逐渐加大运动量,但要注意的是每周增幅不宜超过10%。为避免肌肉骤然紧张,产生运动损伤,剧烈运动是不能突然进行的。从心率方面来看,运动时中年人心率最低达到110次/分钟,但不要超过160次/分钟。

2. 贵在坚持

在运动中,准备活动和整理活动必不可少。对于中年人来说,每次应至少抽出20~45分钟进行准备和整理活动,这包括5~10分钟的准备活动(可采取静力性伸展,加强腹部、髋部和腿部力量的运动)和5~10分钟的整理活动(多采用静力性伸展运动,以促进有效的恢复)。休闲体育运动的频率保持在每周至少3次以上,才有可能达到预期效果。

3. 灵活安排运动时间和地点

由于大部分中年人工作繁忙,一般无法确定固定的运动时间和运动地点,因此可以根据实际情况进行选择,以便顺利进行休闲体育活动。

(二)中年人参与休闲体育运动的项目

步入中年,人的身体机能会出现一定程度的下降,运动观念也可能发生改变,与青年人追求刺激、追求时尚相比,中年人更倾向于追求休闲品质和树立健康理念,更注重休闲体育的内涵及运动养生与健身价值。因此散步、慢跑、自行车骑游、爬山、游泳、跳操、跳舞等有氧运动和体能要求不高的小球运动受到了中年人的偏爱,如象棋、扑克、麻将、垂钓等一些能修身养性和愉悦身心的非运动性休闲体育在中年人群中颇受欢迎。

第六章　不同群体休闲体育健身指导

从中年时期开始,人体的运动能力和运动素质将不断地下降。青年人喜爱的那些负荷较大、对抗激烈、要求快反应、高速度、高强度、短时间完成动作的运动项目,尤其是一些冒险运动和极限运动项目对于中年人来说,身体条件已无法适应。而以健身、娱乐为目的的休闲体育运动与中年人的身体特点相适应,因此负荷适宜的健身类、健美类、娱乐类、保健康复类运动休闲项目,受到广大中年人的喜爱。

经过多年的奋斗,相对青年人来说,中年人有了更加雄厚的经济基础,这使得中年人的休闲体育观念也可能发生一定程度的改变,中年人的休闲体育带有"高档消费"的特点。步入中年后,大部分人家庭生活较为稳定,还有些事业有成的人士,喜欢出入高档休闲体育场所,享受"休闲大餐"或加入高档体育俱乐部,享受俱乐部提供的优美的环境设施和高品质的服务。如高尔夫球、保龄球、网球、台球、水上运动、健身俱乐部,甚至登山、赛车、射击等也是深受这部分人群喜爱。

随着年龄的增长,中年人的人生阅历和经验越来越丰富,与此同时他们对体育运动的兴趣越来越窄,但更为持久稳定。许多他们在青年时代热衷的体育项目,随着年龄的增长对其的热度也逐渐降低,而体育兴趣的稳定持久体现在中年人身上就是一旦确定对某一项目喜爱,便很少再为其他兴趣所干扰。这种特点对中年人养成一定的休闲体育习惯非常有利,便于理解休闲体育的内涵,享受休闲体育的乐趣。但是一旦因各种条件导致此项运动无法正常进行,便会导致中年人运动的中断,从而影响生活质量。因此,中年人的休闲体育可以从自己的兴趣出发,多选择几项运动项目,注意休闲体育的活动性质、内容结构和时间结构的合理搭配,养成良好的休闲体育习惯,这样就能丰富余暇生活,终身享受休闲体育带来的健康与快乐。

球类运动深受人们的喜爱,也是中年人休闲体育的重要选择。在球类运动中,除了传统的乒乓球、羽毛球、网球、门球,一些小群体的球类运动,如3人篮球、5人制足球、沙滩排球等,因其趣味性、娱乐性较强,也成为中年人的热衷对象。一般来说,中年人的探新求异欲望逐渐开始减退,但这并不妨碍一些新兴休闲体育项目在中年人中的流行,如溜索、潜水、冲浪、滑水、赛艇、漂流、飞伞、热气球、卡丁车等,但毫无疑问,与青年人相比,中年人在精力与体力方面已显示出较大的差距。

中年人已经具备了休闲体育的基本知识和体育运动的基本技能,但是由于客观条件的限制,如工作繁忙等,往往缺乏休闲体育的主动性和积极性。因此要增强中年人的休闲体育意识,可多组织休闲体育活动,让中年人参与其中,形成休闲体育的习惯,使休闲体育成为他们丰富文化生活的主要内容之一,并成为他们日常生活的重要组成部分,为他们从事终身体育打下坚实的基础。

四、老年人的休闲体育

近年来,我国逐步向老龄化社会的趋势发展,由于绝大多数老年人没有了工作和家庭的负担,有了相对较多的余暇时间,甚至部分老龄人口对休闲体育有着强烈的需求,因此老年人口成为休闲体育的主要参与群体。科学、合理地进行休闲体育活动是老年人健康的保证,对休闲体育的发展也具有重要的作用和意义。

(一)老年人参与休闲体育运动的作用

老年人的休闲时间较多,可以进行休闲体育运动,参与休闲体育运动将会对老年人产生积极的影响。

1. 维持脑功能的正常

适当地参加休闲体育运动可以维持老年人脑功能的正常运行,它可以延缓老年人脑动脉硬化的过程,使脑动脉血中的氧含量增加,从而改善脑细胞的供氧状况,减轻脑血管和脑细胞的萎缩,维持其正常的功能;通过休闲体育运动,肌肉骨骼系统得到锻炼,从而刺激和调整老年人大脑皮层的兴奋和抑制功能,提高大

第六章　不同群体休闲体育健身指导

脑对身体各部位和各器官系统的神经支配调节能力,从而使整个机体的功能处于良好的状况之中。

2.改善血液循环的功能

休闲体育运动也可以提高老年人血液循环系统的功能,加强心脏工作能力。经过锻炼,老年人心肌的收缩力加强,心脏每搏输出量增加,心搏频率减慢;同时,心脏冠状动脉的血液循环量增加,参加血液循环的毛细血管增加,从而改善对心肌的氧气和营养物质的供应。通过休闲体育运动,可以降低血脂,有助于防止冠心病,推迟动脉硬化的进展,又可以促进代谢酶的活力,防止脂肪沉着。

3.改善呼吸系统的功能

休闲体育运动可以有效改善老年人的呼吸系统功能。这主要体现在,通过参加休闲体育活动,老年人肺组织的纤维化过程可得到缓解,呼吸肌力量得到增强,胸廓和横膈的活动限度扩大,从而使新鲜氧气的吸入量和二氧化碳的排出量大大增加。这样会使肺部和整个人体的衰老过程推迟,同时还有利于老年支气管炎、肺气肿的防治。

4.改善消化系统功能

参与休闲体育运动,老年人的消化系统也会得到改善。参加休闲体育运动之后,老年人表现出腹肌不松、胃肠张力和蠕动力较好的情况,这有利于食物的消化和吸收,并可消除因食物引起的胃部不适现象,能够防止老年人胃肠功能紊乱。

5.促进新陈代谢

休闲体育运动可以促进老年人的新陈代谢。通过休闲体育活动,身体内氧化过程得以加强,细胞的物质能量储备增加,机体工作能力得到维持。此外,通过休闲体育运动的肌肉活动,血液内脂肪酸和葡萄糖的利用率提高,可以有效防治因体内脂肪积聚过多或糖代谢障碍等所引起的各种老年人常见病。

6.提高运动能力

参加休闲体育运动可提高老年人的运动能力。休闲体育运动可以有效地增强肌肉力量,改善韧带弹性和关节的灵活性,防止肌肉萎缩,使动作保持一定的协调和灵活,从而起到提高老年人运动能力的作用,可以减慢老年人机体组织的退行性变化,减少运动器官的劳损等常见病发生的概率。

(二)老年人参与休闲体育运动的项目

老年人的心理和生理特征都有其特殊性,因此,对休闲运动项目的选择要科学而合理。参加休闲体育运动,老年人的身体状况可以得到改善,但是也应看到由于机体功能的衰退,老年人的运动疲劳容易产生且消除较慢,因此严格控制老年人的运动时间和运动量就显得尤为重要。适合老年人的运动强度一般应保持最高心率在60%。也有人提出老年人慢跑时的心率应是170减去年龄或比安静时心率增加50%～60%为宜。锻炼时间在不短于每次15分钟的基础上逐渐延长,以每日锻炼一次或隔日锻炼一次为宜。充分了解老年人的身心特点,在从事休闲体育活动时,按照人体科学规律办事并注意锻炼中的有关事宜是很有必要的。

适合老年人身体锻炼的休闲体育项目还是很多的,如散步与慢跑就有很好的健身作用,特别是对冠心病、高血压、肥胖和糖尿病等常见的老年病症有良好的防治作用。气功有助于改善中枢神经系统、血液循环系统以及呼吸系统的功能,还有助于调节血液循环并降低血压,增进机体的免疫力,提高新陈代谢和内分泌系统的功能。拳、操可增进老年人的体力,改善身体机能,对健康大有裨益。各种保健功和医疗体操,均有助于防治运动系统的老年病,如颈椎病、肩周炎和腰腿病等。

除此之外,老年人只要有条件、有兴趣、有基础,身体状况许可,还可以参加一些非直接对抗性的运动项目和娱乐活动,如游泳、登山、郊游、网球、门球、垂钓、乒乓球和自行车等。老年人可

第六章　不同群体休闲体育健身指导

根据自己的爱好、健康情况,选择其中几项并持之以恒,将有助于身心健康。

下面就休闲体育项目中与老年人特点相符的几个项目进行简单介绍。

1. 太极拳

人的体能是有限的,但人的精神力量是无限的,在特定条件下,精神力量可以转化成为物质力量。太极拳就是把精神和思想的锻炼放在重要的位置,通过经常性的意识指导,来锻炼自身对外界环境的适应性。通过锻炼,身体必然得到有效的练习,使肢体的运动听从思想的支配,精神、思想和意图通过肢体的运动也会得以体现。

太极拳练习对许多慢性疾病,特别是对诸如高血压、心脏病、慢性肠胃炎、慢性肾炎、糖尿病、慢性肝炎、肺结核、气管炎、哮喘、关节炎和神经衰弱等病症有明显的治疗效果。当然,对不同的疾病患者,在锻炼方法上应有所区别。因此,在医生或相关专业人士的指导下,针对个人的身体状况和病情制定科学的锻炼方法,会达到更理想的效果。对于老年人来说,太极拳本身是一种可起到无病防病、强身健体、有病治病、帮助康复作用的运动。同时它还是一项趣味性较强的运动,练拳时周身感觉轻松,练推手时感觉到舒展,是一项非常适合老年人参加的休闲体育项目,也是一项实用性强的健身活动。

2. 门球

门球是一项健康、高雅、实用的休闲体育项目。据估计结果显示,目前在我国离退休人员和老年人群体中,参加门球活动的人数已达百万。由于门球具有休闲活动的特殊性质,这一项目非常适合老年人,因而在老年人中极为流行。

门球具有一定的竞技性,对身体条件的要求不高,活动量不大,动作无太大难度,技术易被掌握,是一项集娱乐、休闲、健身、智慧为一体的体育项目,门球具有户外性、集体性、自娱性、简便性等特点。从门球的特点看,这是一项情调健康、趣味高雅、活动量不大、有一定技巧、方便易学的"轻体育"项目。因此,门球大体有以下几方面的作用:强身健体、悦心寄情、锻炼智力和乐在其中等。

3. 垂钓

钓鱼是一种陶冶身心的休闲活动,在我国有着悠久的历史。"姜太公钓鱼,愿者上钩",这是妇孺皆知的典故。明代的医学家李时珍认为钓鱼可以解除"心脾燥热",把它作为一种医疗手段来治疗疾病。

钓鱼是一种综合性的体育运动项目。既有越野、登山、骑车、远足、采集、探险等诸多身体活动相伴,又有水文、地理、气象、生物、文学、历史等多种学科知识的扩充与运用。当今的钓鱼活动已成为集体育、娱乐、休闲于一体的,可以增添乐趣、陶冶情操的,将锻炼身体寓于有趣之中的综合性休闲体育活动。近几年来,随着离退休人员的增加,钓鱼协会在全国各地相继成立,会员达到几百万人之多。对中老年人来说,钓鱼是一种很好的养生方法。

4. 甩手运动健身法

甩手健身,动作简单易行,不需要场地和器材,其中以晨练时段为最佳,不宜在空腹、饥饿、饱餐时锻炼。甩手前,身体站直放松,两眼平视前方,两脚分开,与肩同宽,两臂自然下垂,两掌心向内。甩手时,两臂与身体的垂线之间角度不要超过60°,后摆时与身体的垂线角度不要超过30°,一般每回练习可摆动100~150次。甩手时要全身放松,心平气和,呼吸自然,愉悦轻松。动作结束后,要做粘弹、放松运动,如伸展活动、原地踏步等。

(三)老年人参与休闲体育应注意事项

老年人的休闲体育运动要根据老年人的心理与身体特征来进行,同时,老年人在休闲体育运动中还应当注意以下事项。

第六章　不同群体休闲体育健身指导

1. 循序渐进，贵在坚持

老年人进行休闲体育运动一定要循序渐进、贵在坚持。循序渐进不仅体现在老年人休闲体育运动项目的选择上，还体现在休闲活动的方式上。贵在坚持是老年人参与休闲体育运动的关键，老年人可选择每天有规律地进行休闲体育运动，或者保证每周的运动频率不少于两次，否则便难以达到休闲体育运动的效果。在休闲体育运动中，对老年人活动量的控制需尤为注意，根据人体机能的适应规律和人体生理机能活动能力的变化规律，随着年龄的增加，老年人的身体机能减退，因此老年人的活动量也应减少。

2. 量力而行

量力而行也是老年人参加休闲体育活动时必须注意的原则。至于运动量的掌握，需要依据一定的原则，一般以不感疲倦和无不适感为宜。在活动时一定要注意运动量和活动范围的及时调节，如当运动中感觉到疲劳和吃力时，就应适当休息或减少运动量；如果对某一项目不能适应时，就应考虑更换项目。

3. 重视医务监督

医务监督对老年人从事休闲体育运动是非常重要的。在老年人从事休闲体育运动之前应做全面的身体检查，根据自身状况以及医务人员的建议选择活动项目，并确定适当的运动量。如果老年人患有疾病，则应抓紧治疗，一般来说患病期间不要从事体力活动。医务监督也涉及运动量的选择。运动量需要因人而异，尤其是对老年人来说。老年人要适量运动，适度掌握十分重要，特别是对患有心脏病、高血压等病症的老年人，运动尤应适宜。因此不能向老年人推荐剧烈运动项目，而应主张适量运动。

第二节 不同性别群体休闲体育健身指导

一、男性与女性群体参与休闲体育运动的差异

(一)参与休闲体育的目的不同

同样进行休闲体育运动,男女在进行休闲体育运动时追求的目的不同,男性群体注重休闲体育中的人际交往,而女性群体则更注重休闲体育本身的价值体验。有些男士,尤其是成功男士,锻炼的效果不是他们进行休闲体育运动首先考虑的因素,参与活动的群体构成倒是关注焦点。男士选择的休闲体育群体一般是由与自己职业、身份、年龄、兴趣、爱好相当的人组成的,相对固定。其目的是多样的,一般来说,通过休闲体育放松身心是一大目的,另一目的便是拓宽社会交往,沟通人际关系,增进情感交流。对于女性来说,休闲体育群体的人员构成并不重要,而休闲体育活动本身的健身和娱乐价值则非常重要。女性参加休闲体育运动,一般以健康和娱乐为主题,以"健康第一"为取向,在休闲体育中体验健康,锻炼体型,健美肌肤,愉悦身心。这与现代社会对女人的要求有关,现代社会要求女性美德和健美体形兼备,因此女性们经常去健美馆、健身俱乐部消费,而她们的交流、谈论始终都离不开健康、美丽等话题。对青春的容貌与优美的体型的追求大量耗费了女性并不十分充裕的闲暇时间。

(二)参与休闲体育运动项目不同

男女由于性别的不同、生理和心理特征上的差异,必然会导致他们有各自喜爱的休闲体育方式与内容。

男性大多选择具有身体碰撞、集体对抗、角逐力量性和冒险

第六章 不同群体休闲体育健身指导

性的户外休闲运动,尤其喜欢追逐既刺激又新颖时尚的新兴休闲体育项目。如足球、篮球、散打、拳击、登山、攀岩、野营、徒步穿越、驾车远游、赛车、极限自行车、轮滑、高山滑雪、滑冰、溜索、潜水、冲浪、滑水、赛艇、漂流、溪降、溯溪、悬崖跳水、空中滑翔、跳伞、热气球等。这是由男性的身体和心理特征决定的,男性大都肌肉发达、骨骼粗壮、意志顽强,为了突出个性,展现"阳刚"魅力,丰富生活阅历,他们大多偏好上述项目。

女性大多热衷于节奏感、韵律感强的室内外健身健美休闲体育项目,如健美操、健身操、体育舞蹈、太极拳、太极剑等。这是因为,与男性相比,女性骨骼、肌肉纤细,韧带、关节的弹性和柔韧性好,力量、耐力、意志力较差,所以运动量小、轻快柔和、个人参与的休闲体育项目受到女性的偏爱。

从上述内容看,男性群体比女性群体具有更大的活动空间和选择余地。除像跑步、自行车、游泳、乒乓球、羽毛球等传统项目无明显差异外,足球、拳击、散打、跆拳道和多数的极限运动与冒险运动以及围棋、象棋、垂钓、高尔夫球等都是偏男性化的项目,而女性化特征较突出的只有健美操、健身操、体育舞蹈、踢毽、跳绳、跳皮筋、秋千、秧歌等。由此可见,男性群体比女性群体从事的休闲体育活动更广泛,可供选择的休闲体育项目更多。相比之下,女性在个人偏爱和可供选择的休闲体育方面,不管是活动形式还是活动内容,都远不如男性。

二、女性休闲体育健身指导

与男性相比,女性的休闲体育更具有特殊性,而且女性的休闲体育活动的内容和形式也逐渐增多。

(一)女性参与休闲体育运动的项目

可供女性选择的休闲体育运动项目有很多。具体来说,可分为两大类:传统民间的休闲体育项目和现代健身的休闲体育项目。

1.传统民间的休闲体育项目

传统民间的女性休闲体育项目很多,例如荡秋千、扔沙袋、踢毽子、跳绳、跳皮筋、跳板等,在这里重点介绍跳绳和踢毽子。

(1)跳绳

跳绳是一种在环摆的绳索中做各种跳跃动作的体育游戏。这种游戏,女性尤其喜欢。跳绳有单脚跳、单脚换跳、双脚并跳等多种方法。跳时,摆绳与跳跃的动作要合拍,可一摇一跳、一摇二跳、一摇三跳。摇绳的方法可前可后,用长绳可两人同时摇,集体轮流或同时跳。跳跃时还可按不同情况编排各种动作花样。

(2)踢毽子

踢毽子是民间女子最喜爱的体育游戏之一。毽子有鸡毛毽、纸条毽、绒线毽等。踢毽子的基本动作有盘、磕、拐、绷四种踢法。盘,主要指用两脚的内侧交替踢。磕,主要指用两腿膝部互换踢。拐,主要指用脚的外侧反踢。绷,主要指用脚尖踢。踢毽子的花样繁多,如旋转踢、脚尖和膝盖交替踢、远吊、近吊、高吊、前踢和后勾,还可以用头、肩、背、胸、腹代足接毽等。踢毽子是一项良好的全身运动,对培养和锻炼女性的灵敏性和协调性有重要作用。

2.现代健身的休闲体育项目

(1)女性体操

女性体操的内容很多,包括有女青年健美操、女子哑铃操、女性减肥操、产妇健美操、母子体操等内容。女性体操已逐渐成为我国女性主要的休闲体育活动项目。首先是因为女性的身体特征比较适合做体操运动,女性四肢较短,上身较长,脊柱弹性好,适合练习各种体操;其次,徒手体操不受场地、器械、时间等条件的限制,运动量的大小也可由参加者本人进行调整,适合于不同身体情况的女性参加;最后,近年来,女性们的健美意识愈发鲜明、强烈,健美成为女性追求的目标,因此有利于健美的体操受到了女性的青睐。

(2)球类项目

一些球类项目也是女性所喜爱的休闲体育运动。与男性相比,女性喜欢的常是一些小球类项目,如板羽球、羽毛球、地滚球等项目。这些小球类项目具有运动量较适宜、动作或运动技术的难度不复杂、对小肌肉群和协调能力要求较高的特点。

(3)散步和慢跑

这是一种十分有益的健身方法。可以采用散步、慢跑、走跑交替以及退步走等形式。

(二)女性参与休闲体育应注意事项

与男性相比,女性有着自己的特殊性,在休闲体育运动中需要注意一些事项。尤其是在女性经期和孕期时,休闲体育运动更要多加注意。

1. 女性经期休闲体育运动注意事项

(1)运动量较平时适当减小,运动时间不宜过长,特别是月经初潮不久的少女,由于她们的月经周期尚不稳定,运动负荷量更不宜大。

(2)不宜从事剧烈运动,尤其是震动强烈、增加腹压的动作,如快跑、跳跃、力量性练习等,以免子宫移位和经血量过多。

(3)避免冷刺激,如冷水浴、衣着过分单薄等,特别是下腹部不要着凉以免引起卵巢功能紊乱而导致月经失调。

(4)不宜游泳,以免病菌侵入内生殖器引起炎症。

2. 女性孕期休闲体育运动注意事项

(1)女性孕期可以进行休闲体育运动,并对女性有着积极作用。适当的、合理的运动能增强孕妇消化、吸收功能,促进胃肠蠕动,可以为肚子里的宝宝提供更充足的营养。怀孕期间进行适当的运动,可以促进血液循环,提高血液中氧的含量,消除身体的疲劳和不适,保持精神振奋和有充足的氧通过胎盘供应给胎儿,使胎儿能顺利发育。运动可以促进母体及胎儿的新陈代谢,既增强了孕妇的体质,又能使胎儿的免疫力有所提高。运动使孕妇肌肉和骨盆关节等得到了锻炼,保持和发展了很好的肌肉力量和韧带弹性,为日后顺利生产创造了条件。孕期运动还有助于刺激胎儿的大脑、感觉器官、平衡器官以及呼吸系统的发育。孕期休闲体育可帮助消除身体的疲劳和不适,使孕妇心情舒畅,睡眠良好。

(2)女性孕期需注意休闲体育的时期。在怀孕的早期即前3个月不宜进行较大幅度的运动,在怀孕的后期,即7个月以后运动也要适当减量。为保证女性的安全,孕妇最适宜的运动时间段,一般应该开始于怀孕第4个月,结束于怀孕的第7个月。

(3)注意女性孕期运动的环境和时间。女性孕期运动尽可能到花草茂盛、绿树成荫的地方,这些地方空气清新、氧气浓度高,尘土和噪音都较少,对母体和胎儿的身心健康大有裨益。孕妇运动的时间可以选择早晨,或者黄昏时候的绿地和公园,远离交通拥挤车辆较多的地区。

(4)注意女性孕期运动的方式选择。一般情况下,孕期以步行、慢跑、游泳、健美操等运动方式比较适宜。散步不仅能提高神经系统和心肺等脏器的功能,而且可以使腿肌、腹壁肌、胸廓肌、心肌加强活动。游泳是目前国外比较流行的孕期运动方式。但要注意,游泳的水温要适合,不要在很冷的水中游,游完之后要赶快上岸,注意保温。

第三节 不同社会阶层休闲体育健身指导

社会阶层是社会发展的必然产物。所谓"物以类聚、人以群分",这在不同社会阶层之间有更加明显的体现。当人处于相同阶层中时,他们在总的收入水平、工作环境、文化水平、欣赏能力等方面有大体上的一致,这种趋同性使得他们在选择休闲体育健身项目时也表现出一定的相似性。例如,企业高级管理者愈发倾向参与那些环境优雅的休闲运动,那么高尔夫就是理想的选择;

第六章　不同群体休闲体育健身指导

农业劳动者或失业者更倾向参与无消费的项目,如下棋、跑步等。本节就从不同社会阶层角度出发,对不同阶层人群的休闲体育健身进行指导。

一、国家与社会管理者阶层

国家与社会管理者阶层即在党政、事业和社会团体机关单位中具有实际行政管理职权的领导干部,对他们而言,余暇时间参加体育活动不仅是为了健身,更多地是为了放松身心,宣泄压力。在休闲体育过程中一般对环境要求较高,在体育交往过程中比较注重自己的身份、地位,选择对象或休闲伙伴较为谨慎。他们处于社会上层,社会地位较高,权力较大,尽管市场经济体制的确立,社会平等意识渐强,等级观念开始淡化,但以等级、级别作为待人接物的标准,这种文化的传统定向仍在发生作用。所以,相对于其他阶层,他们拥有更多的享受优美的休闲环境和运动设施的便利,拥有享受更好的优质优惠的体育服务的条件。在活动内容上,他们偏向于集健身、娱乐、休闲为一体的如网球、乒乓球、游泳等运动项目,对具有益智、愉心的棋牌类休闲活动也比较喜欢。

二、经理人管理阶层

经理人管理阶层主要指大中型企业的高中层管理人员,他们是市场化改革的积极推进者和制度创新者,在市场竞争日趋激烈的今天,其工作压力与上一阶层相比有过之而无不及。因此,他们参与休闲体育活动的价值取向除与上一阶层有相似之处外,其中还蕴藏着完善自我、展示人格魅力、突出社会影响、宣传企业形象的深刻内涵。这一阶层都有较高的学历和专业知识,社会地位也比较高,在社会阶层结构中也是主导阶层之一,但他们却不能像国家与社会管理者那样经常可以享受免费的休闲体育服务。

不过,他们支配着大量的经济资源,是社会中的富有阶层。作为职业经理人,业余生活一般喜欢从事一些和极限有关的运动,愿意花钱玩赛车、赛马,到世界各地登山旅游(不是一般的爬山)。有能力出入高档休闲体育场所,享受高品质的服务,是高档体育休闲俱乐部的主要消费群体,保龄球、高尔夫球和网球等是他们比较青睐的运动休闲项目。这一阶层的年龄大多在40岁以上,对青年人喜欢的大负荷、高对抗的运动项目不是很感兴趣。

三、私营企业主和个体工商户阶层

这两个阶层的位序有所不同,但他们在休闲时间、消费水平、生活方式上极其相似。他们都是我国改革开放的主要获益者阶层,由于受传统意识形态的阻碍,其政治地位一直无法与其经济地位相匹配,参与休闲体育活动主要是基于一种身份的显示及渴望跃入上一阶层地位的心理。因此,他们常常利用休闲体育来建立起良好的人际关系,尤其是当自己的业务伙伴偏爱某项运动时,他们往往"投其所好",把业务工作融于休闲体育活动之中,真可谓"既休闲又工作,休闲、工作两不误"。这实际上也符合"请人吃一顿饭,不如请人流一身汗"的当代社会新时尚。由于拥有较多的经济资源,他们在内容选择上不受任何限制,只是偏爱环境好一点的经营性的休闲体育场所。由于职业特征,他们没有相对固定的休闲体育时间,随意性较强。

四、专业技术人员和办事员阶层

专业技术人员和办事员阶层是现代社会中等阶层的主干群体,在所有阶层人员中占有相当大的比例,他们在经济状况、消费观念、生活方式、生活态度等方面存在着明显的个体差异,所以在休闲体育的价值取向和内容选择上未表现出较为突出的职业特征。有的收入一般,为了健身偏爱锻炼价值较高、手段简单的项目,为了健美保持优美的体型和发达的肌肉,崇尚健美操、跑步等有氧运动和器械运动;有的消费观念保守,喜欢花钱不多、负荷小、趣味性强的休闲项目或相对安静的太极、气功、垂钓、棋牌类项目;有的经济条件较好,消费观念超前,为了丰富个性、体验人生,在休闲方式上喜欢追求时尚与新潮,对极限和冒险运动情有独钟……真可谓富贵与大众运动共享,时尚与传统运动并存,雅俗同乐,各取所好。

五、商业服务业员工和产业工人阶层

这两个阶层的社会地位、经济状况、时间结构、价值认同没有明显的差异,由于他们主要是以自身劳力和简单技能作为谋生手段,工作时间又相对较长,工作之余身心比较疲惫,参与休闲体育活动的目的则主要是消遣娱乐,放飞心情,使疲惫的身心得到放松,劳累的机体得以恢复。与上述阶层相比,他们是组织资源和经济资源上的匮乏者,体育消费方式力求简化,讲究实惠,一般不会去光顾高档次的休闲体育娱乐场所,喜欢花钱少、耗时少、简单易行的像散步、慢跑、篮球、羽毛球、游泳等大众化休闲运动。

六、农业劳动者阶层

农业劳动者阶层是以农业为唯一收入来源或主要收入来源的人员。尽管随着社会的发展,城乡居民收入差距在逐渐缩小,但他们在经济资源的占有量上仍然低于上述所有阶层。他们的文化水平较低,家庭负担较重,生产劳动和家务劳动的体力消耗较大,休闲目的更多的是放松、消遣。他们对许多休闲体育项目有偏爱,因农村现实条件不具备只好放弃,被动地回到电视机前欣赏、赞叹,选择打牌、下棋、钓鱼、游泳、太极等这些对场地器材要求不高的休闲项目。当然他们也非常乐意参加乡镇社区组织的各种体育活动,以度过自己的闲暇时间。

七、城乡无业、失业、半失业者阶层（离退休者除外）

这一阶层是基本上没有三种资源的贫困阶层。他们是我国社会结构转型和体制转轨中形成的一个弱势群体，也是享受休闲生活质量方面的一个弱势群体。实际上，影响休闲的主要因素有两个：时间与收入。对富有群体来说享受休闲娱乐的主要障碍是时间问题，而对贫困群体来说则主要是收入问题。虽然贫困群体在经济上不富裕，但在时间上却最富裕，但他们的休闲时间中有很大一部分属于空耗时间，所以他们主要是想通过趣味性、娱乐性强的休闲体育来消磨时间，度过并非自愿接受的空闲时间，并且大多喜欢采用自娱自乐形式，或加入自发形成起来的体育群体，到不收费的公园、河边、广场、街边等公共场所进行健身、娱乐、消遣、散步、做操、跳舞、打太极拳、练气功、做器械练习等活动成了他们的首选。

第七章 球类运动健身方法指导

近年来,随着人们生活水平的不断提高,健身已成为人们维持身体健康、追求健康生活的重要途径之一。球类运动作为重要的体育健身内容,受到了人们的广泛欢迎和青睐,如羽毛球、乒乓球、网球、台球、高尔夫球、门球等。本章将就以上球类运动的健身方法进行研究。

第一节 羽毛球

一、发球

一般情况下,单打中多采用正手发球,双打中多采用反手发球。

(一)正手发球

以正手发后场高远球为例,正手发后场高远球是以正拍面将球以高弧线和最大位移,球到达对方的端线上空后移动方向瞬间发生改变,垂直下落到端线(底线)附近的一种发球。

发球时,左手持球,自然弯曲置于胸前,右手持拍向右后上方摆起,身体重心前移,右脚跟提起。左手放球使其下落,在右臂向前上方挥动的同时,右脚蹬地,腰腹向正前方转动。使下落的球与拍面在身体右侧前下方的交叉点碰触,球触拍面的中上部。击球时,握紧球拍,闪动手腕,向前上方鞭打击球,手臂随击球后的惯性自然往左肩上方挥起,身体重心也由右脚移至左脚。击球后,双膝微屈,重心下沉,做好回击对方来球的准备(图7-1)。

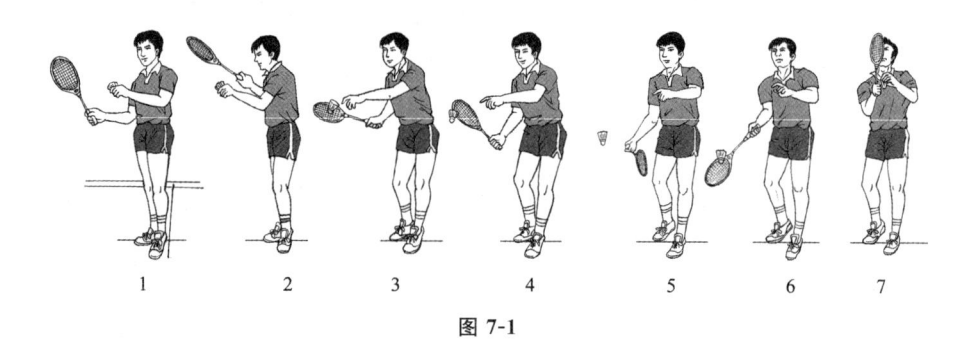

图 7-1

(二)反手发球

以反手发网前球为例,反手发网前球时,球拍的挥动方向与反手发平球一致。击球时,只需球拍从后向前推送,拍面以切削的方式击球,使球过网后迅速落到距离对方场区的前发球线不远的位置。

二、接发球

为了更好地接到对方的发球,首先要提高后场的击球能力。在单打比赛中多采用发高远球或平高球,可以用吊球、杀球或平高球还击。当对方发平快球时,可采用平高球、平推球、劈吊、劈杀还击,以便掌握主动。也可用高远球还击,充分做好再次还击的准备,要加强预判能力。

三、击球

(一)前场击球

前场技术包括网前的放、搓、推、勾、扑、挑球等。下面主要阐

第七章 球类运动健身方法指导

述放网前球。

以正手放网前球为例,正手握拍,球拍向右前上方斜举。向右侧侧身,右脚向右侧前方迈一大步成弓步。击球时,右臂带动手腕稍后伸,小臂稍外旋,手腕右后伸,右手轻松握拍,在手指手腕的控制下,轻击球托底部将球轻送过网。击球后快速还原以便为下次击球做准备(图 7-2)。

图 7-2

(二)中场击球

以中场抽球为例(正手),判断好来球线路后确保移动到位,右脚向右侧跨出,侧身对网,重心向右侧转移,右臂侧上摆,前臂稍外旋。击球时,前臂带动腕部由下往右侧平地抽压,抖动挥拍。击球后快速还原,身体重心置于两脚之间,为下次击球做准备(图 7-3)。

图 7-3

(三)后场击球

后场击球技术包括击高远球、平高球、吊球和杀球,是一种主动进攻技术,下面主要就后场击高远球展开阐述。

后场高远球是将对方击至本方后场区域的球回击高远球至对方后场的技术。它包括后场正手、头顶和反手三种击法。以正手击高远球为例,在判断来球准确的前提下迅速移动到位,让身体的位置处于球下落的左下方,侧身左肩对网,重心在右脚上,右臂屈肘自然举拍于右肩上方,左手自然高举,待球下落到合理的击球高度时,右脚蹬地转髋,同时右臂向前转动成肘关节朝前并高于肩部,拍头向下。球拍贴背与地面垂直,放松握拍。击球时,在蹬地、转体收腹的协调用力下,大臂带动小臂向前上方甩腕,在高点期击球。击球后,手臂顺惯性随挥并收拍至体前,重心顺势向前,右脚自然向前跨出成准备姿势(图7-4)。

图 7-4

第二节 乒乓球

一、发球

现代乒乓球的发球技术主要有以下几种。

第七章 球类运动健身方法指导

(一)平击发球

正手发平击球:以左脚在前的近台站位为例,身体稍微右转,重心偏右脚。左手的掌心托球放于体前偏右侧,右手持拍于身体右侧。左手将球向上抛起,同时右臂稍向后引拍;当球开始回落时,持拍手由身体的右后向前挥拍;在球下降接近球网高度时,将拍形稍前倾,击球的中上部。击球后,前臂和手腕应随势向前挥动,身体重心随之移向前面的脚。

反手发平击球:以右脚在前的近台靠中线偏左站位为例,身体稍微向左转,左手掌心托球放于身体前方偏左侧,右手持拍于身体前方。左手将球向上抛起,同时右臂外旋,并向身体左侧后方引拍;当球开始回落时,持拍手由身体的左侧后方向右前方挥拍,拍形稍前倾成半横状;在球下降接近球网高度时,击球的中上部,同时向右前方发力。击球后,手臂随势前挥,身体迅速还原,重心随之移至前面的脚。

(二)发短球

发短球技术击球动作小,出手较快,能够有效牵制对方。这种方式击出的球落点一般第二跳不出台。

发短球主要靠手腕和前臂摩擦发力,向前的用力不要太多,可以加上回收的力量。这样就能发出旋转比较强的短球。摩擦球的部位同发侧上(下)旋和下旋长球相同,只是要求第一跳弹在本方球台中段,这样才能以短球控制对方。

(三)发转与不转球

发转与不转球技术的特点主要表现为球速较慢,前冲力小,主要是发球手法近似,以旋转变化来迷惑对方,使其回接困难。发下旋短球能控制对方攻势,发不转球易使对方接出高球或出界,为进攻创造机会。

以正手发转与不转球为例,以右手持拍、站位靠近左半台为例,左脚在前,右脚在侧后,抛球的同时持拍手向后上方引拍。要求拍面后仰,手腕适当外展,手臂放松,腰向右转。当球降至球网高度时,持拍手迅速用力向前或向下挥拍,发球后快速还原至准备姿势,以备下一次击球。

(四)发高抛球

以正手高抛发球为例,正手高抛发球首先应注意抛球的稳健性,抛球手的肘部要贴近身体左侧,尽量让球在抛起时接近于垂直状态,使球在身体的右侧前方降落。当球下降至大约与头部高度相同时,持拍手由右上方向左下方挥动。其次,练习者要避免击球点离身体过远,一般在右侧腰前15厘米左右为宜。

二、接发球

乒乓球接发球技术是一项被动中求主动的技术。接发球者应力争破坏对方的发球,限制对方特长技术的发挥。接发球技术的好坏对接发球者在比赛中能否变被动为主动非常重要。如果接发球技术不好,就很容易给对方造成较多的进攻机会或因技术差而导致紧张,引起不必要的失误。运动员掌握良好的接发球技术,不仅可以获得直接得分,而且还可以破坏和限制对方的抢攻,为自己的进攻创造有利条件。采用何种方法接发球,要根据对方发球的旋转、落点及双方打法特点等因素来决定。以下是常见的接发球方法。

以接左(右)侧上旋球为例,一般采用推、攻回击为宜。回接时拍面角度稍前倾,加大向前下方的用力。当来球带左侧旋时,可让拍面朝左(来球方向)偏斜,以抵消来球旋转;当来球带右侧旋时,可让拍面朝右偏斜,以抵消来球旋转。

三、攻球技术

（一）正手攻球

以正手快带为例，左脚稍前，身体重心放于右脚，身体稍向右转。击球前适当拉开上臂与上身的距离，前臂、手腕自然弯曲。拍面前倾并固定手腕，使球拍高于击球点。击球时，动作要小，要求腰髋带动上体向左转动，在球的上升期击球的中上部。以前臂为主向前迎球，并利用来球前进的力量将球带出。快带中适当控制球的速度和落点变化有利于从被动转为主动。

（二）反手攻球

以反手扣杀为例，该技术的特点主要表现为动作幅度大、力量重、球速快、攻击性强，是还击半高球的一种有效的手段，也是得分的一种重要的手段。

扣杀时，直握拍选手的上臂应靠近身体，右脚稍前，同时前臂做旋外动作，拍形稍垂直。拍触球瞬间身体重心上提，食指压拍，拇指放松使拍形稍前倾，在来球的高点期击球的左侧中上部，前臂快速向右前方发力。

四、挡球和推挡球

（一）挡球

以右手为例，两脚要平行或左脚稍前，身体离球台大约50厘米。击球之前，前臂与台面应平行伸向来球。拍触球时，前臂和手腕要稍向前移动，主要是借助对方来球的反弹力把球挡回。在上升期，击球的中部，拍形与台面接近垂直。击球之后，快速收回球拍，快速还原成击球前的准备姿势。

(二)快挡

以正手快挡为例,准备击球时,前臂要稍向右移动。如果要挡直线,当球从台面弹起时,前臂要快速向前迎球,手腕应略向外展,拍稍微竖起,让拍面对着对方左角,在上升期击球中上部,拍形要稍前倾。如果挡斜线,手腕稍向内转,让拍形对着对方右角,触球的中上部。

(三)加力推

站位在球台中间或偏左,身体离台约50厘米。两脚平站或右脚稍前,两膝微屈,收腹含胸,身体向前或略向左转。右上臂和肘关节靠近身体右侧,前臂外旋并向上提起,引拍至身前或偏左,与球网同高或略高,拍面稍前倾。来球飞越球网时,上臂、前臂和手腕向前,挥拍迎球,同时,腰、髋向左转动,在来球的上升后期或高点期,以前倾的拍形推击球的中上部。球拍击球瞬间,上臂、前臂和手腕向前上方发力推压,腰、髋亦协助用力。击球后,手和臂顺势向前下方挥动,并迅速还原成准备姿势。动作过程中,身体重心从左脚移到右脚上。

五、搓球技术

搓球技术是一种适用于近台和台内回击下旋球的技术。搓球技术主要有慢搓、快搓、搓转与不转球、摆短、劈长几种类型,下面只对搓转与不转球、摆短进行阐述。

(一)搓转与不转球

击球作用力是否通过球心决定是否形成转与不转球。搓转球时,除击球速度、击球力量和拍面后仰角度要加大以外,还要在球拍切击球时摩擦球的中下部,使其作用力远离球心,形成较旋转的球。而搓不转球时,减小拍面后仰角度,手腕向前用力,击球

第七章　球类运动健身方法指导

中下部并向前上推送,使击球力量接近或通过球心,这样就形成相对的不转球。另外,还要注意搓球时动作的一致性。

(二)摆短

摆短在实战比赛中的运用非常普遍。质量较高的摆短可以有效控制对方的上手进攻,其中以摆短至对方左右两边的"小三角"位置为最佳。另外,从战术的角度上讲,如果对方的步法和处理台内球的技术有缺陷,将球摆短可以调动对方到台前,迫使对方回球质量降低。

正手搓球摆短:击球者右脚前移,靠近球台,球拍向右侧后方引,拍面稍后仰,在来球的上升期击球的中下部,前臂向前下方挥动,同时手腕适当配合发力。击球后,随挥动作应稍小,并迅速还原至准备姿势。

反手搓球摆短:击球者身体前移,靠近球台,球拍略向左后引至腹前,拍面稍后仰,在来球的上升期击球的中下部,前臂向前下方挥动,同时手腕适当配合外展发力。击球后,随挥动作应稍小,并迅速还原至准备姿势。

六、削球技术

削球可分为正手削球和反手削球两种。以下主要阐述常使用的近削、远削技术。

(一)近削

以反手近削为例,击球前,前臂上提,球拍稍竖;击球时,以前臂发力为主,手腕配合向前下方压球,在来球高点期或下降前期摩擦球的中部或中下部;击球后无前送动作。

(二)远削

正手远削:两脚分开,右脚稍后,身体略向右转,手臂向右后上方移动,前臂提起,球拍上举。当来球跳至下降后期,随着身体的向左转动,上臂带动前臂同时向左前下方用力,拍面后仰,触球中下部,手腕有一个摩擦球的动作。

反手远削:击球前,前臂上提,增大用力距离,引拍时动作适当加快;击球时,上臂带动前臂发力,球拍由上向前下方挥动,在来球下降后期摩擦球的中下部。

七、弧圈球技术

以正手前冲弧圈球,击球者为直握拍者为例,击球前前臂在腰、髋的带动下向右后方引拍,身体重心移至右脚,比拉加转弧圈球时稍高。当球拍与来球高度相同或稍低于来球时,拍形稍前倾于拉加转弧圈球,手腕屈(横握拍者手腕内收)。击球时,前臂在腰、髋和大臂的带动下在来球的上升后期和高点期,在身体侧前方向左前上方挥拍,以向前为主,略向上发力摩擦击球的中上部。击球瞬间,肘关节呈 110°～140°,手腕伸(横握拍者手腕外展),手指手腕快速摩擦球。击球后手臂随势向左前上方挥动,保证力量充分作用到来球上,并迅速还原以备下次击球。

第三节　网球

一、击球

（一）正手击球

1. 准备姿势

做好准备姿势,左手扶住拍颈,拍面与地面垂直,拍头指向对方,注意对方来球,做好击球准备。初学者左手必须扶住拍颈,这样既可以减轻右手的负担,还可以帮助右手变换握法和迅速向后转肩引拍。

2. 后摆引拍

当判断来球需要用正拍回击时,向右转动双脚,左脚随即抬起并向右前方上步(与端线成45°夹角),右脚向右转90°与底线平行,同时转肩转髋带动右手向后摆动引拍(此为"关闭式"步法。采用"开放式"步法时,左脚不必上步,但需要更多的向右后方作转体动作)。引拍时,持拍的手臂放松直线向后拉拍,拍头高于手腕,身体重心移向右脚,拉拍结束时,左肩对网,球拍指向球场后端的挡网,拍柄底部正对球网,尽量保持侧身迎击球,左手一定要随着侧身转体而指向前面的来球。动作要求迅速、协调,并根据来球情况,适度弯曲膝关节。

3. 挥拍击球

击球时应该转动身体,用力蹬腿,以肩关节为轴,手腕固定,用大臂挥动带动小臂,提前挥拍,沿着来球的轨迹挥出去,击球点一般在左脚右侧前方与腰齐高的高度击球,当来球较高时,就快速后退,来球较低时应上前,屈膝,让球保持与腰齐高的高度击球。

4. 随挥跟进

球触拍后,使拍面平行于网的时间尽量长些,挥拍沿着球飞行的方向前送,重心前移落在左脚上,身体转向球网,拍头随着惯性挥到左肩的前上方,肘关节向前,用左手扶住拍颈,随挥跟进结束,立即恢复到准备姿势。

(二)反手击球

1. 准备姿势

反手准备姿势与正手击球相同。

2.后摆引拍

当判断对方来球朝自己的反手方向飞来时,扶住拍颈的左手应迅速帮助右手握拍变换为反手握拍法,向左转肩转髋带动球拍向左后方摆动,后摆时肘关节自然弯曲,拍头稍翘起,指向后方,右脚向左前方上步,右肩或者是右背对着球网,重心移向左脚,打反手的后摆动作应比正手的后摆要完成得早,整个动作要协调连贯,左手始终扶住拍颈,直到开始做前挥动作为止。

3.挥拍击球

球拍由后向前上方挥出,前挥时手臂仍保持弯曲,直到随挥结束后才伸直,击球点在右脚左侧前方,击球时球拍与右脚应在一条直线上,高度在膝与腰之间(比正手击球稍低),拍触球时手腕绷紧,拍面要与地面保持垂直,击在球的中部,要有"以手背击球"的意识,用转体和转肩的力量使重心前移右脚上。

4.随挥跟进

击球后,球拍沿着球飞行的方向向前向上送,重心前移落在右脚上,挥拍在右肩上方结束,拍头指向前方,左手稍提起来保持整个身体平衡,身体转向球网,恢复准备姿势。

二、高压球

高压球要求眼睛要从头到尾盯住球,及时侧身,调整好步法,并尽早举拍,找准击球点。击球时,跟进重心,体前击球,用力扣腕。一般以平击高压为主,用切削高压打法也可打出好的落点。

(一)握拍

高压球的动作与发球动作相似,握拍也与发球的握拍动作相同,大多采用大陆式握拍法或东方式反手握拍法。

(二)准备姿势

打高压球的准备姿势与一般情况基本相同。但是在网前准备姿势中,既要准备打截击球,又要准备快速后退打对方挑高球。一旦对方挑高球,应侧身转体并用短促的侧滑步、垫步或交叉步快速后退,眼睛始终注视来球。

(三)后摆球拍

在脚步开始调整、身体位置相应变化的同时转体、侧身,迅速抬起右手,肘部抬起约与肩高,拍头向上。在这一环节应注意以下两个问题。

(1)非持拍手应指向来球。高压球在移动定位时非持拍手应避免吊在体侧,而应指向空中的来球。非持拍手指向来球不仅有助于测寻击球点的位置,而且对保持身体的平衡也有积极的作用。

(2)做适度的背弓动作。后摆时除伴随有转体、侧身动作外,还应有适度的屈膝及背弓动作以备发力之需。高压球不是单纯依靠手臂或手腕的甩动发力,而是依靠腿部、腰腹及身体整体的协调发力,这一点与发球一样。

(四)挥拍击球

判断准击球点并移动到位后,以双脚为支撑向击球点方向蹬地、转体、收腹(反弹背弓),继而伸展手臂挥拍击球的后上部。发力顺序和感觉与发球相似,但击球点在能保证球过网的前提下,其位置越靠前越利于发力和控制球出手的角度,越靠前越具有杀伤性,这与发球时力争高点是不同的。拍头到达击球点时身体应已完全面向对方(已完成转体),收腹(反弹背弓)的强劲势头也爆发于此点。手臂挥拍动作与发球一样有个"搔背"再迎击来球的过程,手腕以鞭打动作击球。不要硬压大臂以期"高压"来球,而是要将小臂和拍头"甩"出去,获得"鞭打"的效果。当距球网较远,击球点偏后时,还需要做手腕的"旋内"动作。高压球没必要过分苛求施加旋转,只需注重力量和角度即可。

(五)随挥动作

击球后顺势将球拍摆至持拍手异侧的腿侧即完成了高压球的随挥动作。这在击球点比较合适(如在身体的前上方)的情况下较容易做出来。如果击球点很靠后或者很偏,不适合正常发力,那么随挥动作就有可能被强行的扣腕或旋腕动作所代替,这要求击球者具有良好的腰腹力量及手腕的控制能力,遇到这样的情况时初学者应量力而行。

三、反弹球

反弹球是一种过渡性的击球技术,在中场、近网甚至底线经常会出现球落在脚的附近的情况,可使用反弹球技术处理来球。

(一)握拍和准备姿势

握拍方法以大陆式握拍方法为主,或者采用东方式反手握拍法。

(二)后摆引拍

眼睛盯住来球,迅速转身侧体,屈膝降低身体重心,保持下蹲姿势。打正手反弹球时,向右转体同时左脚向前跨步,膝关节弯曲(反手反弹球时动作相同,但方向相反),左手指向来球,此时身体前倾,同时保持身体的平衡,后摆动作根据来球的速度及准备时间的快慢决定。

(三)挥拍击球

打反弹球是在球刚弹起时击球,击球点很低,因此在击球前必须屈膝降低重心,在身体的前外侧触球,肩侧对出球方向,球拍靠近地面,拍柄几乎与地面平行。击球时,手腕绷紧并控制拍面角度,注意拍面不要打开,更不要切削球,应该平稳地将球送出。

(四)随挥动作

中场反弹球的随挥动作幅度较小,而底线深区的反弹球随挥动作与正、反手击球动作相似(还与还击深度有关,回击越深,随挥动作越大,反之则小),应充分前送以保证击球的质量,伴随着挥拍动作,身体重心前移,由深蹲交叉步的姿势站起,迅速准备下一次的击球。反弹球的随挥动作比较柔和,既不像底线正、反手击球那样充分舒展,又不像截击球那样短促有力。

四、截击球

从技术结构来看,截击球技术包括准备姿势与站位、后摆引拍、挥拍击球、随挥动作四个基本环节。

(一)准备姿势与站位

截击球的准备姿势略高于正反拍底线击球的准备姿势,拍头高于握拍手,左手轻托拍颈,眼睛注视来球。当对手击球的一刹那,就应该从对手的击球位置、挥拍动作判断出来球的方向、高度和路线,以便及早起步快速移动。

网前截击稍靠前的为好,因为越靠近网,控制的角度就越大,对方就越被动,但太靠近网也容易球拍触网。所以,一般来说根据自己身高臂长距网 2 米左右,最近距网 1 米,最远不能超过 3 米,再远就变成了中场截击球了。

(二)后摆引拍

当判断来球需要截击时,异侧脚向反方向前侧跨出成"关闭式"步法,同时,转体后摆引拍,截击球后摆引拍的动作要领是"简单、迅速、小幅度"。引拍时,手腕锁紧、固定拍面,保持球拍与肩平行,拍头高于手腕且稍高于肩,眼睛紧盯着来球。

(三)挥拍击球

挥拍时,拍面要保持适度开放,结合"关闭式"步法,重心前移,带动紧张固定的右肩顺势向前挥拍,手腕固定。击球时,击球点保持在体前,主动上前迎击球,充分利用身体前冲的力量,以短促的动作向前向下切削来球。

(四)随挥动作

截击球的随挥动作要短促有力,击球后随惯性向前下方做送球动作,顺势恢复到准备状态。

第四节　台球

台球是人们在台球桌上,用超过91.4厘米长的球杆,按照一定的规则,通过击白色主球,使目标球入袋的一项体育休闲项目。这种运动项目适合于各阶层和各年龄段的人参加,所以深受人们的青睐。

一、台球运动概述

台球也叫桌球或者弹子球。对于台球运动的起源有两种不同的说法。一种认为台球在1510年起源于法国,一种认为台球运动在14世纪起源于英国。

台球从20世纪初开始逐渐变成了竞技运动项目,主要标志就是在世界不同的国家和地区相继成立了台球竞赛管理的机构。比如,1919年,英国台球联合会成立;1940年,世界台球联盟成立,它负责国际性台球比赛活动;1948年,美国台球协会在芝加哥成立;1986年,我国成立了中国台球协会。这些机构的成立极大

第七章　球类运动健身方法指导

地促进了台球运动的发展。

1996年,星伟体育用品有限公司与北京体育大学联合创建了运动系台球项目,这为中国培养高级台球专业人才创造了条件。中国台球选手丁俊晖就曾经在2005年取得了中国公开赛冠军和英国斯诺克台球锦标赛的冠军,这些标志着我国台球运动的巨大发展。

目前,台球运动热在我国更是持续升温,我们经常可以看到台球活动,台球已为我国老百姓所接受,成为我国许多现代家庭健身休闲的主要活动。

二、台球运动的种类

(一)美式台球

美式台球是在英式台球和法式台球之后又形成的一种新风格,它在西半球和亚洲东部广泛流行,又可以称为美式普尔或者"鲁尔球"。

(二)斯诺克台球

斯诺克台球具有竞争激烈、趣味无穷的特点,它是世界主流台球项目之一,也是世界台球大赛的项目。斯诺克台球不仅自己可以击球入袋得分,也可以有意识地打出一些障碍球,让对方无法施展技术,从而让对方受阻挨罚。

(三)英式台球

英式台球又被称为三球落袋式台球,它属于基础类型的台球,是世界上正式台球比赛项目之一,主要流行于英国和欧洲大陆。

(四)开伦式台球

开伦式台球有"日本撞击式台球"之称,它起源于法国,盛行于日本。开伦式台球是以球杆击球得分的一种台球打法,所用的球台没有球袋。

(五)法式台球

法式台球亦称为卡罗姆台球,没有网袋是它与英式台球和美式台球球台的最主要区别。

三、台球运动基本技术

(一)握杆

1.球杆的重心位置

一般来说,球杆的重心位置在杆尾1/4~1/3处。由点向杆尾处移动约40厘米,这段距离内握住球杆是比较合适的。当然,根据主球离库边的远近和需要不同力度出杆等情况,握杆的位置可以偏前或偏后。另外,根据人的高矮和球杆长短的不同,握杆的位置还可以适当调整。

2.握杆方法

利用后手握杆时,手腕要能自由活动,拇指和食指在虎口处轻轻夹握球杆,好像一个吊环,其余3个手指要虚握。出杆击球时,前后摇动手腕,利用腕力将球击出。这样握杆的优点在于保证手指手腕和整个手臂适度放松,有利于手指、手腕和整个手臂在运杆时动作的流畅,感觉出杆触球一刹那间杆头与球的撞击效果,给手指、手腕以及手臂肌肉更丰富的感受。

在握杆时,手指、手腕和整个手臂应适当放松,这有利于手指、手腕和整个手臂在运杆时流畅、充分地感受出杆触击球一刹那杆头与球的撞击效果,有利于掌握技术动作。

(二)身体姿势

在击球时,击球方向是由站位和身体位置来决定的,保持正

第七章　球类运动健身方法指导

确的身体姿势有助于完成正确的击球动作。因此,学习和掌握正确的身体姿势是学习台球的关键。

1. 站立

先用右手按照要求握好球杆,面向球台上要打的主球方向站好,平握球杆,指向主球并与主球的行进方向成一直线。杆头离主球10～20厘米。右手拇指和裤子侧缝线对齐。

2. 身体姿势

脚的位置:身体站立的位置确定后,握杆的右手原位不动,左脚开立约同肩宽,两脚平行开立,或左脚稍向前半个脚的距离。左膝稍微弯曲,右腿直立,并保持右脚的位置在握杆手的内侧,右脚尖自然向前,左脚尖可以向前也可以稍向外侧。

躯干姿势:在台球比赛中,大多数情况下采取平视瞄准击球姿势,用握手支撑式的手支架。上身向前平伸,与台面很近,头略抬起,下颏几乎与球杆相贴,两眼向前平视,顺着球杆方向瞄视。

面部位置:在击球时,还需要保持正确的面部姿势,具体做法为:在瞄准时将下颏对准球杆中轴线,两眼保持水平向前平视,这样面部中心包括鼻子、嘴和下颏,便都能与球杆和右后臂进入同一个垂直平面。

(三)瞄准

击球前,掌握正确的瞄准方法,确定好瞄准点是击出好球的前提条件。

瞄准要眼睛、主球、目标球三点成一线。球杆随着眼睛转,因此实际击球时,球杆、主球、目标球三点在同一直线上。瞄准点在进袋直线,距目标球后一个球半径长度的点位上。瞄准点与目标球的中心连线看上去好像是目标球长了个小尾巴,所以直接找点法又被形象地称为"看尾巴"。

(四)架杆

架杆就是用手给球杆一个稳定支撑和对杆头在主球的击球

点进行调节的姿势。架杆是打好球很重要的环节。基本架杆方法有两种,一种是用手架杆;另一种是用杆架来架杆。下面主要分析前一种。

手架杆目前有两种比较流行的方法:一种是平卧式手架杆;另一种是环扣式手架杆。

1. 平卧式手架杆

先将手掌自然平放在台面上,掌心向下,五指自然分开,食指稍微向外侧移动些,拇指翘起后用其第二指关节贴住食指根部,使拇指和食指之间形成一个凹槽,使球杆可以平稳地放在其中自如运动。

在用平卧式手架杆时,手的支撑主要在食指、拇指、掌内外侧及掌跟部位。在平时练习中,要不时地对架杆手的支撑部位是否全部紧贴台面进行检查。防止手掌向任何一侧翻起,影响支撑的稳定性。需要注意的是,运用该架杆方式,应注意架杆手的掌根、小拇指、食指以及拇指处的大鱼际部位要充分地贴住台面,切勿使架杆向左侧或右侧翻起,以确保架杆的稳定。

2. 环扣式手架杆

手掌放在台面,指尖略微内收。中指、无名指和小指微向内弯曲,用其指外侧及掌外侧和掌根形成支撑点。拇指和食指扣成一个环,并与穿进其间的球杆形成直角。用中指和拇指来保持球杆前后运动时的稳定。运用该架杆方式时,指尖微向内弯曲,用拇指和食指扣成一个指环,并与球杆成直角,掌握和中指、无名指、小指构成稳定支撑。

(五)击球

1. 运杆

运杆的目的是提高击球的准确性。在确定击打主球的部位后,最好是试着做几次往返进退杆的运杆动作。运杆要求身体保持稳定,持杆后摆的幅度大小取决于所需要的击球力量和杆头与主球间的距离,后摆动作要做到稳和慢,出杆前控制好杆的平稳。

2. 出杆击球

出杆击球是台球击球动作结构中的最关键环节,它决定着击球的效果。出杆击球是在后摆、停顿后所完成的动作。以弯曲的肘关节为轴,前臂像钟摆一样,在这个固定轴上做前后摆动,通过手指和手腕在拉杆和出杆时的调节动作,使球杆在运行中保持水平状态。肩部不要附加力量,大臂也应固定不动。打触击球瞬间,根据击球的要求,注意手腕力量使用的控制,避免由于过分抖动手腕造成击球不准确。出杆时,肩部和身体不要用力,出杆动作要果断、清晰,即使是打个轻缓的球。

3. 随势跟进

击球后球杆要随势跟进,主要是为了保证击球力量充分作用在主球上并保持击球动作的协调连贯。

4. 击球

(1) 直线球

直线球是击球入袋的最基本的形式之一。主球的中心击球点、目标球的撞点和袋口的中心点在一条直线上。当主球中心点受到球杆的撞击,并撞击目标球的中心撞击点时,目标球便会直落球袋。

(2) 偏击球

偏击球指主球撞击目标球的侧面。由于主球撞击目标侧面的程度不同,又可分为厚球、薄球。厚球指主球撞击目标球的撞击点在目标球球体 1/2 以上,薄球指主球撞击目标球的撞击点在目标球球体 1/2 以下。在打目标球的厚薄时,其瞄准点是目标球击球点向外一个球半径处与主球中心点纵向运动方向延长线的交点。

第五节 高尔夫球

一、高尔夫球概述

高尔夫球是一项古老的贵族运动,它起源于15世纪的苏格兰,迄今为止已有500多年的历史。早期的高尔夫球多在王公贵族中进行。随着高尔夫球具的普及发展,高尔夫运动开始向中层阶级流行。至20世纪,高尔夫球的比赛规则与制度的建立,国际性的高尔夫赛事得以广泛开展,高尔夫运动迎来新纪元。

19世纪20年代,高尔夫运动传入亚洲,高尔夫球传入我国则是在1896年,其标志是中国上海高尔夫球俱乐部的成立。高尔夫运动在我国发展迅速,我国高尔夫运动选手在世界比赛中屡获佳绩。2015年,第21届沃尔沃中国公开赛在上海落幕,本土选手吴阿顺获得冠军,这是中国内地球手第一次获得欧巡赛月份最佳球手的奖项,对于进一步普及高尔夫运动,推动我国高尔夫运动水平的提高具有重要意义。

二、高尔夫球基本技术

(一)握杆

高尔夫运动中,球员正确的握杆可以利于球员手臂发力,控制击球力量的大小和球的飞行方向,是最基本的动作。常见握杆技术方法主要有以下几种。

1.重叠式

重叠式握法在现代高尔夫比赛中被普遍使用。

第七章　球类运动健身方法指导

左手：手掌贴于球杆握柄处，手背正对目标，使球杆握柄从食指的第二关节起斜向通过掌心。以小指、无名指和中指将球杆握在小鱼际和小拇指指根间，食指自然收拢握住球杆。拇指沿球杆握柄纵长自然伸出，压按在握柄正中稍偏右侧，拇指与食指指根形成"V"形。

右手：手掌张开，掌心正朝向目标方向，紧贴在球杆握柄的右侧方，使握杆的纵长从食指第二关节开始通过中指与无名指指根，小指勾搭在左手的食指与中指间隙上，手指收拢，握住球杆，食指成钩状弯曲，大鱼际包在左手拇指上，拇指与食指指根形成"V"形。

2.互锁式

互锁式握法主要用于手掌较小或力量较差的女球手。左右手手型同重叠式。握杆时，右手的小指插入左手食指与中指之间，与左手食指勾锁在一起。其特点是两手连锁在一起，容易产生一体感，且有利于发挥右手力量。

3.十指法

十指握法较适合于手掌较小、力量差者，高龄及女球手。两手手掌相向，但不重叠，用十指握住球杆，类似棒球握棒方法。右手的小指与左手的食指相贴。该方法握杆，球手能很好地利用右手手臂力量。但由于左右手无任何交叉和勾搭，不易保证双手的一体性，不利于保证球的方向性。

(二)击球准备

1.脚位

脚位是指球手准备击球时两脚的站立位置，有以下三种。

(1)正脚位。球手两脚尖连线与准备击球路线平行。全力击球时，无论使用哪一种球杆，均可采用正脚位(图7-5)。

(2)开脚位。球手左脚略后于右脚，多适用于短铁杆击高球或有意打右曲球的情况(图7-6)。

图 7-5

图 7-6

（3）闭脚位。球手右脚略后于左脚，两脚脚尖的连线朝向目标的右侧，多适用于木杆开球、在球道上击远球或有意打左曲球（图7-7）。这种站位，引杆时左肩能够充分向内回旋，但容易造成由外向内的挥杆轨迹，产生左曲球。同时，对下挥杆击球时身体的回旋也不利。

图 7-7

初学者在练习击球准备姿势时，要注意可选用正脚位作为练习的开端，脚位是击球技术的基础，而正脚位相对容易掌握，使动作协调规范，为将来的提高打下一个好的基础。轻易不要尝试开脚位和闭脚位。另外，还要注意脚位与球的飞行路线要平行。

第七章　球类运动健身方法指导

2. 球位

球位是指球手在做好准备击球姿势时，高尔夫球被击出前所处的位置。脚位与球杆、球位的关系为：球手握好球杆站在击球位置上，左脚固定不动，球位放在靠近左脚的位置，球杆越短，双脚之间的距离越窄，离球也越近。

3. 身体姿势

握好杆，双手自然前伸，球杆底部轻轻着地，两脚分开约同肩宽，身体重心落在两脚上。上体稍前倾，挺直背部。头自然略向下俯视，以恰好看到杆头为好。双膝弯曲，稍屈髋，身体侧向目标方向。

练习时，要时刻注意身体各部位姿势十分正确，如双脚趾端、两膝以及两肩之间的连线都尽量与球的飞行路线保持平行，时刻保持身体的基本姿势稳定。

(三)瞄准

杆面正对目标，然后根据杆面的位置调整身体、站位以及其他各部分的位置。

正确的瞄准姿势是：球手站在球后，两脚尖的连线要与球和目标的连线平行，双臂平行伸出，右臂、球在一条直线上。球和目标在一条直线上(目标方向线)，把一支球杆放在地上标出目标线的方向，将手中球杆的击球面对准球。

(四)挥杆击球

1. 引杆

保持挥杆时身体纵轴的稳定，像卷线轴一样平稳扭转身体，手臂动作舒展、缓慢。在引杆动作最后，有一个制动，"制动点"正是引杆结束进入下挥杆的分界线。

(1)后引。杆面瞄准球的后方，保持两臂与肩构成的三角形，向球正后方引杆30厘米左右,头和肩保持不动。体重由左向右移动,同时上体向右后充分转动,使身体形成扭转拉紧状态。后引动作结束时,有的球手右腿较直,身体重心略高;有的球手右腿弯曲,身体重心较低,这要根据球手的特点而定。

(2)上挥。整体来看,后引和上挥是连贯进行的,二者之间无明显的停顿。上挥时,继续保持肩与两臂构成的三角形,左肩右转,以杆头带动两臂;左臂伸直,右上臂固定,右腋夹住。头颈部与脊柱保持一体,两眼注视球,下颌抬起稍向右倾,左肩最终旋转至下颌的下方。胸部几乎对着目标相反方向,左肘关节微屈,右肘屈曲到最大限度。重心从两脚间移到右脚外侧,右膝伸直,左膝向右屈,左脚跟稍离地面,手腕弯曲,握牢球杆。球杆的杆身基本与地面平行。上挥球杆达到最高点时,背部朝向目标。

2. 下挥杆

重心移到左脚,左腿用力支撑,为右腿的蹬地送髋创造条件。随着手臂向下挥杆,臀部要快节奏地转向上挥前准备击球时的姿势,借助臀部旋转产生的力量带动手臂来增加击球的力量。此时右腿的用力推动了髋部的移动,髋部的移动和领先又拉紧了右大腿的内收肌群和股四头肌,使之更有效地推动了髋部;腰部做向击球准备时的状态复原的扭转;左肩也在下肢及腰部的作用下,自然向左转动,带动在引杆上挥时被拉伸的左臂作为杠杆向下拉引球杆,在身体重心转移到左脚的同时,右肘应到达右髋处,将杆头留在后面。

3. 击球

挥杆击球是球杆杆头通过球,而不是打向球。下挥时,保持手腕弯曲状态,至离球30厘米的击球区,才突然甩腕。恰好在两臂位置到达击球准备姿势时,球杆的杆头以最快的速度到达挥杆轨迹的最低点——球的位置,使杆头面触球的瞬间产生极大的冲击力将球击出。击球时尽可能击中甜蜜点。击球过程中注意头部应保持固定不动,眼睛注视球。击球时,必须击在球背的正中部位,球才能向正前方飞去。如果击球顶部,球将被击到地下,出现地滚球;而击到球背侧面,球将飞向球道两侧某一方。

4. 顺摆动作

受惯性作用的影响,触球后球杆必须顺势挥动。触球后,身体重心逐步过渡到完全由左腿支撑,右踵提起,右膝向左膝靠拢,在右脚的推动下,腰部继续向左转动。身体仍绕轴心转动,在杆头的带动下,右臂逐渐伸直,右肩逐渐对准击出球的方向。杆头向目标方向大幅度挥出。整个过程中,保持头部不动,目视前方。

5. 结束动作

顺摆动作结束时,右臂继续带动右肩向下颌下方转动,杆头向左后上方运动;右臂保持伸直,左腋夹住。左臂肘部随着右臂的向上运动而向上弯曲,腰和肩向左转动,身体重量全部由左腿承担,左膝保持固定,左足支撑体重部位由足内侧向足跟部外侧转移。在臂到达右肩平直高度时,头部才随着转动轴转向目标方向,两眼注视飞行中的球(图 7-8、图 7-9)。

图 7-8

在练习击球时要注意,首先要找准转动轴。高尔夫球是利用离心力来击球的,所以击球动作的转动轴就是人身体的背部。另外要求动作要自然、连贯,练习时不要过多地考虑引杆的顶点,否则会影响动作的连贯性,使动作不协调或停顿,进而造成击球失误。更要切忌身体摆动,身体摆动会减弱转动的速度,从而降低击球的力度。

图 7-9

(五)推杆

两脚开立,重心置于两脚之间,两腿微屈,轻微向前突出膝盖;弯腰,让肩、手臂和双手整体运动;头部保持不动,身体避免下意识的抬高,在击球过程中推击弧线要与击球后的杆头离地面有一样的距离,匀速推杆,将球击出。

第六节 门球

一、门球运动概况

关于门球的起源,大致有三种说法:其一,源自中国唐代,是由当时的"捶丸"运动发展而来的;其二,源于日本;其三,源于13世纪的法国。其中最受人们认可的是第三种,门球起源于法国,由"槌球(Croquet)"运动发展而来,时至今日它的发展已远远超过法国的范围。

门球运动经历了由兴转衰,再由衰转盛的历史过程。20世纪40年代末,日本铃木和伸先生曾把门球作为一种游戏在大、中、小学中推广,但无大起色。25年之后,当日本九州一带把门球作为老人的一种娱乐和健身活动后,这项运动才迅速在日本开展起来。1983年5月,日本第一个门球使团到中国访问并传授球艺,中国的门球运动从此兴起和发展起来。数年后,门球被引入韩国、中国香港及新加坡等地。1985年9月,世界门球协会正式成立,亚洲门球协会也于1991年5月成立。由于门球运动很适合于老年人运动的特点,因此深受老年人的喜爱,而近年来,国家体育总局、中国老年体协也正大力推动门球的发展。因此,门球运动将会很快成为我国城乡最为流行的一项老年休闲体育运动。

二、门球基本技术

（一）持棒

持棒是指队员握球棒的方法,它是门球技术的基础。持棒时要求队员全身放松,全神贯注,集中发力。持棒的身体姿势有半弓步持棒、半马步持棒和横蹲式持棒三种。

（二）击球

击球是指队员握好球棒,以正确的身体姿势用槌头端面直接击打球,使球沿着一定方向滚动的技术。其作用是为过门或撞柱得分,以及为队友送位接力等。击球分为正面击球和侧面击球。

1. 正面击球

正面击球时,击球员面对击球方向,正面向前挥槌击球。两脚平行,约与肩宽,球在正前方或在两脚之间稍前方的位置,上体自然前倾,两腿自然弯曲,双手握住槌柄,食指顶住槌柄,保持击球的稳定性。

2.侧面击球

侧面击球时,击球员站在击球方向的侧面,槌头与两脚尖的连线平行,两脚间距约为肩宽,上体前倾,手臂自然下垂,两手握住槌柄,食指顶住槌柄,瞄准后可击球,侧击时上体前倾幅度的大小、身体离球的远近,可根据各人的情况而定。

(三)撞击

撞击是从实战出发,通过击打自球以碰撞他球的技术。撞击是门球比赛中必不可少的技术,也是组合各种战术的重要环节,因为撞击能获得闪击机会和续击。撞击分正面撞击、侧面撞击和越顶撞击。

1.正面撞击

击打自球撞击他球的正中点,瞄准时要求 6 点(槌头与槌尾的中心点、球体前面与后面的中心点、要碰撞的他球球体前面与后面的中心点)在一条直线上。击球时要保证槌的稳定性,而且正好击打在自球的击球点上,这样才能保证自球在直线位置上撞击他球。

2.侧面撞击

侧面撞击是指队员为了战术的需要使自球撞击他球的侧面,以改变自球、他球的滚动路线,形成折线,从而到达理想的位置和角度。侧面撞击根据自球与他球撞击的部位可分为半球、厚球和薄球。

(1)半球。

打半球是自球的中心点对准他球的边缘,这样自球的折射角度比较小,前进的幅度大,技术相对较易掌握。

(2)厚球。

侧面击打厚球时受到的阻力较大,前进幅度比半球要小,但折射角度较大,容易打成双棒球。其打法是自球中心对准他球中心与边缘的1/2部位。

(3)薄球。

侧面击打薄球时,自球折射角度很小,前进的幅度大,对较远的目标攻击较好,有时也可打成双棒球。薄球的打法一般是自球的中心撞击到他球的边缘1~2厘米。

3.越顶撞击

越顶撞击是指击打自球,使自球越过附近他球的顶部而撞击远处的他球。越顶撞击时面向前方,两脚自然分开,球在两脚中间,与脚后跟平齐,上体前倾。双手握柄的中下部,槌头端面向下对准自球的后上部,击球的速度要快些,让球跳起越过附近的他球直接滚向目标。

(四)闪击

闪击是自球撞击到他球后,自球、他球都停止滚动时,拿球、放球、击球直至脚离开球为止的整个过程。闪击时,待自球、他球停止滚动后,拾起他球,跑到自球的位置,用手指示闪击方向,用一只脚踩住自球的2/3,留出1/3,将他球放在脚下自球的外侧,两球之间不留空隙,击打自球将他球击出去。闪击可分为低姿闪击和站立双臂击球两种。

(五)过门

所谓过门,就是指队员通过击球,使球体穿过球门的技术。过门是得分的主要手段,也是取得比赛胜利的重要步骤。过门必须按第一、二、三门的顺序一次通过,否则视为无效。

(六)撞击终点柱

撞击终点柱是指将球击向终点柱的过程。它是队员夺标和最终取胜的重要手段,从而胜利结束自己全场比赛。撞柱技术与过门相似,但撞柱的难度更大。

(七)送位

出于战术的考虑,将球击到较理想的位置的技术称为送位。其作用是为自球和队友的球占据最佳区域或位置,并为后一名队友或自球下一轮出赛制造战机和优势。

第八章 民族传统体育健身方法指导

民族传统体育是我国人民在长期的生产和生活实践的基础上创造的体育运动项目,它不仅有利于我国人民体质健康的增强,还有助于传统体育文化的传承和发展。我国的民族传统体育项目众多,本章将对我国民族传统体育中的养生气功、太极拳、毽球和风筝等运动项目进行健身指导。

第一节 养生气功

养生气功是在我国传统医学理论的指导下,通过特定的动作,并配合呼吸、意念来调节人体身心健康的锻炼方法。我国的养生气功有易筋经、八段锦、六字诀和五禽戏等,本节主要对八段锦的健身习练进行指导。

一、八段锦概述

八段锦由何人所创并无定论,其可追溯至远古时代人们的强身健体"舞"。八段锦由八节动作组成,每节都针对一定的脏腑或病症的保健与治疗需要,具有调节气血和改善脏腑功能的作用。据史料记载,早在北宋时期,就出现了"八段锦"这一词。学者们认为八段锦最早形成于12世纪。

新中国成立之后,我国政府对民族传统体育进行了发掘和整理,其中就包括八段锦。其后,八段锦作为一项民族传统体育项目逐渐走进高校,成为重要的体育课程,习练人群也在不断增多。

八段锦的功法特点表现为动静结合、松紧结合、圆融连贯,并且要求形、神、气合一。通过习练八段锦,能够起到多方面的健身作用,可提高身体的柔韧性,舒筋活血、固肾壮腰。

二、八段锦的基本套路

(一)预备式

(1)身体直立,两臂下垂,全身放松,舌抵上腭,目光平视。

(2)随着吸气,两臂从体侧缓缓上举至头顶,掌心朝上;两手指交叉,内旋翻掌向上撑起,肘关节伸直,如托天状;同时两脚跟尽量上提,抬头,眼看手背。

(3)随着呼气,两臂经体侧缓缓下落;脚跟轻轻着地,还原成预备式。

(二)两手托天理三焦

(1)接上式。双臂外旋微下落,双手五指分开并交叉于腹前,掌心向上,目视前方。

(2)两腿缓缓挺膝伸直;同时,两掌上托于胸前,随之两臂内旋向上托起,掌心向上;抬头目视两掌。

(3)两臂继续上托,至肘关节伸直;同时,头部微低向前,目视前方。

(4)身体重心缓缓下降;两膝微屈,同时,十指慢慢分开,两臂分别向身体两侧下落,两掌捧于腹前,掌心向上;目视前方。

以上动作反复几遍。

练习要点:上托时深吸气,复原时深呼气。两掌上托要舒展肢体,略有停顿,保持拉伸。

(三)左右开弓似射雕

(1)屈膝下蹲成马步,同时两臂屈肘抬起,右外左内在胸前交叉。

(2)左手拇指和食指撑开成八字,其余三指扣住,缓缓用力向左侧平推。同时右拳松握屈肘向右平拉,似拉弓状,眼看左手,此为"左开弓"。

(3)两臂下落,经腹前向上抬起,在胸前交叉,右手在内,左手握拳在外。

(4)动作同"左开弓",唯左右相反。

练习要点:开弓时要缓缓用力,回收时慢慢放松。开弓时呼气,收回时吸气。如此反复练习。

(四)调理脾胃须单举

(1)并步直立,两臂屈肘上抬至胸前,掌心向下。

(2)左手内旋上举至头顶,同时右手下按至右胯旁,此为"左举"。

(3)左手向下,右手向上至胸前;"右举"动作,唯左右相反。

练习要点:以吸气配合上举下按,以呼气配合过渡性动作。上举时须有托、撑的意思。反复练习。

(五)五劳七伤往后瞧

(1)两脚并步,头缓缓向左、向后转,眼看后方。

(2)上动作稍停片刻,头慢慢转回原位。

(3)头缓缓向右、向后转,眼看后方。

练习要点:转头时,应保持身体的正直,并配合以吸气动作。

(六)摇头摆尾去心火

(1)左脚向左横跨一步成马步,两手扶按在膝上,虎口朝里。

(2)随着吸气,头向左下摆,臀部向右上摆,上体左倾。

(3)随着呼气,头向右下摆,臀部向左上摆,上体右倾。

(4)上体前俯,头和躯干向左、向后、向右、向前绕环一周。

(5)同上一动作,唯方向相反。

练习要点:上体摇摆时,不要上下起伏。呼吸与头、臀摇摆协调一致。

(七)两手攀足固肾腰

(1)两脚并步,上体后仰,两手由体侧移至身后。

(2)上体缓缓前俯深屈,两膝挺直,两臂随屈体向前、向下,用手攀握脚尖,(或手触地)保持片刻。

练习要点:身体放松,动作缓慢,上体后仰吸气,前屈攀足呼气,反复练习。

(八)攒拳怒目增力气

(1)左脚向左平跨一步成马步,两手握拳抱于腰间,眼看前方。

(2)左拳向前用劲缓缓冲出,小臂内旋拳心向下。

(3)左拳变掌,再抓握成拳收抱腰间。

(4)右拳向前用劲缓缓冲出,小臂内旋拳心向下。

(5)左侧冲拳,方法同左前冲拳,推向左侧冲出。

(6)右侧冲拳,同左侧冲拳,唯左右相反。

练习要点:冲拳时呼气并双目不动能瞪眼,收拳时吸气。身要正,步要稳,冲拳要运劲。

(九)背后七颠百病消

(1)两手左里右外交叠于身后;脚跟尽量上提,头上顶,同时吸气。

(2)足跟轻轻落下,接近地面,但不着地,同时呼气。

练习要点:呼吸与提脚配合,连续起落颠动,使全身放松。最后脚跟落地直立垂臂收功。

第八章 民族传统体育健身方法指导

第二节 太极拳

一、太极拳概述

太极拳是我国的一项重要的武术项目,在我国民间广为流传,并且具有多种流派。学者们认为,太极拳最早起源于明末清初,由河南温县的陈王廷创编,为陈氏太极。他综合当时各家拳法之长,结合导引吐纳,采用腹式呼吸后,使在练拳时汗流浃背而不气喘,并加强爆发力量的训练,使动作畅通气血。又融合了以阴阳为基础的经络学说,成为内外双修,身心并练,将意识、呼吸、动作三者结合为一体的内功拳法。

各式太极拳都有其相应的特征,其拳理、姿势要求等具有相似的特点。新中国成立后,原国家体委为了推广普及太极拳,将太极拳进行了精简,从而形成了二十四式简化太极拳、四十八式太极拳等,方便大众进行健身习练。

二、二十四式太极拳的基本套路

(一)第一组

1.起势(图 8-1)

(1)两脚并拢,身体自然直立,头颈正直;两臂自然下垂,两手指尖轻贴大腿侧;眼向前平视。

(2)左脚向左慢慢开步,与肩同宽,脚尖向前。

(3)两臂慢慢向前平举,两手高与肩平,与肩同宽,手心向下。

(4)上体保持正直,两腿屈膝下蹲;同时两掌轻轻下按至腹前,两肘下垂与膝相对;眼平视前方。

动作要领:头颈正直,下颌微向后收,不要故意挺胸或收腹,精神集中。两肩下沉,两肘松垂,手指自然微屈,重心落于两腿中间。屈膝松腰,臀部不可凸出。两臂下落要和身体下蹲的动作协调一致。

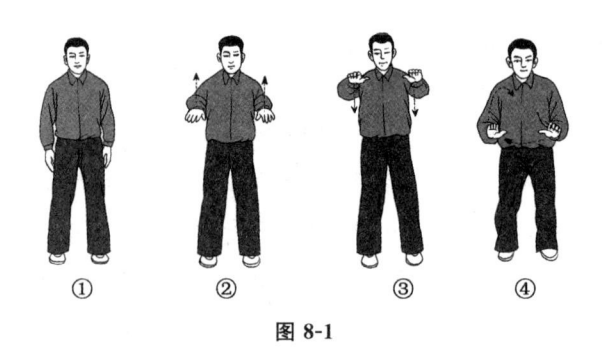

图 8-1

2.左右野马分鬃(图 8-2)

(1)上体微向右转,身体重心移至右腿上;同时右臂收在胸前平屈,手心向下,左手经体前向右下划弧放在右手下,手心向上,两手心相对成抱球状;左脚随即收到右脚内侧,脚尖点地;眼视右手。

(2)上体微向左转,左脚向左前方迈出,同时左右手随转体慢慢分别向左上、右下错开;眼视左手。

(3)上体继续左转,右脚跟后蹬,右腿自然伸直成左弓步;左右手随转体继续向左上、右下分开,左手高与眼平,手心斜向上,肘微屈;右手落在右胯旁,肘也微屈,手心向下,指尖向前;眼视左手。

(4)上体慢慢后坐,身体重心移至右腿,左脚尖翘起,微向外撇(45°~60°),同时两手准备抱球。

(5)左脚掌慢慢踏实,左腿慢慢前弓,身体左转,身体重心再移至左腿;同时左手翻转向下,左臂收在胸前平屈,右手向左上划弧放在左手下,两手心相对成抱球状;右脚随即收到左脚内侧,脚

第八章　民族传统体育健身方法指导

尖点地;眼视左手。

（6）上体微右转,右腿向右前方迈出,同时左右手随转体慢慢分别向左下、右上错开;眼视右手。

（7）左腿自然伸直成右弓步;同时上体继续右转,左右手继续随转体分别慢慢向左下、右上分开,右手高与眼平,手心斜向上,肘微屈;左手落在左胯旁,肘也微屈,手心向下,指尖向前;眼视右手。

（8）与（4）解同,唯左右相反。

（9）与（5）解同,唯左右相反。

（10）与（6）解同,唯左右相反。

（11）与（7）解同,唯左右相反。

动作要领:上体勿前俯后仰,两手分开要保持弧形,身体转动要以腰为轴,做弓步与分手的速度要一致。做弓步时,迈出脚的脚跟先着地,然后慢慢踏实,膝盖不要超过脚尖;后腿稍后蹬,使该腿与地面保持约45°角,前后脚的脚跟在直线两侧,两脚横向距离（以动作行进的中线为纵轴,其两侧的垂直距离为横向,下同）为10～30厘米。

图 8-2

3.白鹤亮翅(图 8-3)

(1)上体微向左转,左手翻掌向下,左臂平屈胸前,右手向左上划弧,手心转向上,与左手相对成抱球状;眼视左手。

(2)右脚跟进半步,上体后坐,身体重心移至右腿;上体先向右转,面向右前方,眼视右手;然后左脚稍向前移,脚尖点地,成左虚步;同时上体再微向左转,面向前方,两手随转体慢慢向左下、右上分开,右手上提停于右额前,手心向左后方,左手落于左胯前,手心向下,指尖向前;眼平视前方。

动作要领:胸部不要挺出,两臂上下都要保持半圆形,左膝要微屈,重心后移和右手上提要协调一致。

图 8-3

(二)第二组

1.左右搂膝拗步(图 8-4)

(1)右手从体前下落,由下向后上方划弧举至右肩外侧,肘微屈,手与耳同高,手心斜向上;左手由左下向上、向右下方划弧至右胸前,手心斜向下;同时上体先微向左再向右转;左脚收至右脚内侧,脚尖点地;眼视右手。

(2)上体左转,左脚向前(偏左)迈出成左弓步;同时右手屈回由耳侧向前推出,高与鼻尖平,左手向下由左膝前搂过落于左胯旁,指尖向前;眼视右手。

(3)右腿慢慢屈膝,上体后坐,重心移至右腿,左脚尖跷起微向外撇,随后脚慢慢踏实,左腿前弓,身体左转,重心移至左腿,右脚收到左脚内侧,脚尖点地;同时左手向外翻掌由左后向上划弧至左肩外侧,肘微屈,手与耳同高,手心斜向上;右手随转体向上、向左下划弧落于左胸前,手心斜向下;眼视左手。

(4)与(2)解同,唯左右相反。

(5)与(3)解同,唯左右相反。

(6)与(2)解同。

动作要领:手推出后,身体不可前俯后仰,要松腰松胯,推掌时须沉肩垂肘、坐腕舒掌,同时必须与松腰、弓腿协调一致。做弓步时,两脚跟的横向距离保持约30厘米。

图 8-4

2.手挥琵琶(图 8-5)

(1)右脚跟进半步,上体后坐,重心移至右腿上,上体半面向右转。

(2)左脚略提起稍向前移,变成左虚步,脚跟着地,脚尖跷起,膝部微屈;同时左手由左下向上挑举,高与鼻尖平,掌心向右,臂微屈;右手收回放在左臂肘部里侧,掌心向左;两手成侧立掌合于体前;眼视左手食指。

动作要领:身体平稳自然,沉肩垂肘,胸部放松。左手上起时要由左向上、向前,微带弧形。右脚跟进时,前脚掌先着地,再全脚落实。身体重心后移和左手上举、右手回收要协调一致。

图 8-5

3.左右倒卷肱(图 8-6)

(1)上体右转,右手翻掌(手心向上)经腹前由下向后上方划弧平举,臂微屈,左手随即翻掌向上;眼的视线随着向右转体先右视,再转向前方视左手。

(2)右臂屈肘折向前,右手由耳侧向前推出,手心向前,左臂屈肘后撤,手心向上,撤至左肋外侧;同时左腿轻轻提起向后(偏左)退一步,脚掌先着地,然后全脚慢慢踏实,身体重心移到左腿上,成右虚步,右脚随转体以脚掌为轴扭正;眼视右手。

(3)上体微向左转;同时左手随转体向后上方划弧平举,手心向上,右手随即翻掌,掌心向上;眼随转体先左视,再转向前方视右手。

(4)与(2)解同,唯左右相反。

(5)与(3)解同,唯左右相反。

(6)与(2)解同。

(7)与(3)解同。

(8)与(2)解同,唯左右相反。

动作要领:前推的手不要伸直,后撤手也不可直向回抽,仍走弧形。前推时,要转腰松胯,与两手的速度一致,避免僵硬。退步时,脚掌先着地,再慢慢踏实,同时把前脚扭正,退左脚略向左后斜,退右脚略向右后斜,避免使两脚落在一条直线上。后退时,眼神随转体动作向左右看(约转 90°),然后再转看前手。

图 8-6

(三)第三组

1. 左揽雀尾(图 8-7)

(1)上体微向左转,同时右手随转体向后上方划弧平举,手心向上;左手放松,手心向下;眼视左手。

(2)身体继续向右转,左手自然下落,逐渐翻掌经腹前划弧至右肋前,手心向上;右臂屈肘,手心转向下,收至右胸前,两手相对成抱球状;同时身体重心落在右腿上,右脚收至右脚内侧,脚尖点地;眼视右手。

(3)上体微向左转,左脚向左前方迈出,上体继续向左转,右腿自然蹬直,左腿屈膝成左弓步,同时左臂向左前方推出(左臂平屈成弓形,用前臂外侧和手背向前方推出),高与肩平,手心向后;右手向右下落,放于右胯旁,手心向下,指尖向前;眼视左前臂。

(4)身体微向左转,左手随即前伸翻掌向下,右手翻掌向上,经腹前向上、向前伸至左前臂下方;然后两手下捋,即上体向右转,两手经腹前向右后上方划弧,直至右手心向上,高与肩平,左臂平屈胸前,手心向后;同时身体重心移至右腿;眼视右手。

图 8-7

(5)身体微向左转,右臂屈肘折回,右手附于左手腕里侧(相距约5厘米),上体继续向左转,双手同时向前慢慢挤出,左手心向后,右手心向前,左前臂要保持半圆;同时身体重心逐渐前移变成左弓步;眼视左手腕部。

(6)左手翻掌,手心向下,右手经左腕上方向前、向右伸出,高与左手齐,手心向下,两手左右分开,宽与肩同;然后右腿屈膝,上体慢慢后坐,身体重心移至右腿上,左脚尖跷起;同时两手屈肘回收至腹前,手心均向前下方;眼向前平视。

(7)上式不停,身体重心慢慢前移,同时两手向前、向上推出,掌心向前;左腿前弓成左弓步;眼平视前方。

动作要领:出手时,两臂前后均保持弧形,分手与松腰、弓腿必须协调一致;下捋时,上体不可前倾,臀部不要凸出;两臂上捋须随腰旋转,仍走弧线;向前挤时,上体要正直,动作要与松腰、弓腿一致。

2.右揽雀尾(图 8-8)

(1)上体后坐并向右转,身体重心移至右腿,左脚尖里扣;右手向右平行划弧至右侧,然后由右下经腹前向左上划弧至左肋前,手心向上;左臂平屈胸前,左手掌向下,与右手成抱球状;同时身体重心再移到左腿上,右脚收到左脚内侧,脚尖点地;眼视左手。

图 8-8

(2)同"左揽雀尾"(3)解,唯左右相反。

(3)同"左揽雀尾"(4)解,唯左右相反。

(4)同"左揽雀尾"(5)解,唯左右相反。

(5)同"左揽雀尾"(6)解,唯左右相反。

(6)同"左揽雀尾"(7)解,唯左右相反。

动作要领:均与左揽雀尾相同,唯左右相反。

(四)第四组

1. 单鞭(图 8-9)

(1)上体后坐,重心逐渐移至左腿,右脚尖里扣;同时上体左转,两手(左高右低)向左弧形运转,直至右臂平举,伸于身体左侧,手心向左,右手经腹前运至肋前,手心向后上方;眼视左手。

(2)重心再渐渐移至右腿上,上体右转,左脚向右脚靠拢,脚尖点地;同时右手向右上方划弧(手心由里转向外),至右侧时变勾手,臂与肩平;左手向下经腹前向右上划弧停于右肩前,手心向里;眼视左手。

(3)上体微向左转,左脚向左前侧方迈出,右脚跟后蹬,成左弓步;在身体重心移向左腿的同时,左掌随上体的左转慢慢翻转向前推出,手心向前,手指与眼齐平,臂微屈;眼视右手。

动作要领:上体正直,松腰。右臂肘部稍下垂,左肘与左膝上下相对,两肩下沉。左手向外推时,要随转体边翻边推,不要翻掌太快。全部过渡动作上下要协调一致。

图 8-9

2. 云手(图 8-10)

(1)重心移至右腿上,身体渐向右转,左脚尖里扣;左手经腹前向右上划弧至右肩前,手心斜向后,同时右手松勾变掌,手心向右前;眼视左手。

(2)上体慢慢左转,重心随之逐渐左移;左手由脸前向左侧运转,手心渐渐转向左方;右手由右下经腹前向左上划弧,至左肩前,手心斜向后;同时右脚靠近左脚,成小开立步(两脚距离10~20厘米);眼视右手。

(3)上体再向右转,同时左手经腹前向右上划弧至右肩前,手心斜向后;右手向右侧运转,手心翻转向右;随之左腿向左横跨一步;眼视左手。

图 8-10

(4)同(2)解。

(5)同(3)解。

(6)同(2)解。

动作要领：身体转动要以腰脊为轴，松腰、松胯，避免忽高忽低。两臂随腰运转，要自然、圆活，速度要缓慢均匀。下肢移动时，重心要稳定，眼的视线随左右手而移动。

3.单鞭(图 8-11)

(1)上体向右转，右手随之向右运转，至右侧方时变成勾手；左手经腹前向右划弧至右肩前，手心向内；重心落在右腿上，左脚尖点地；眼视右手。

(2)上体微向左转，左脚向左前侧方迈出，右脚跟后蹬，成左弓步；在身体重心移向左腿的同时，上体继续左转，左掌慢慢翻转向前推出，成"单鞭"式。

动作要领：与前"单鞭"式相同。

图 8-11

(五)第五组

1.高探马(图 8-12)

(1)右脚跟进半步，身体重心逐渐后移至右腿上；右勾手变成掌，两手心翻转向上，两肘微屈；同时身体微向右转，左脚跟渐渐离地；眼视左前方。

(2)上体微向左转，面向左前方，右掌经右身旁向前推出，手心向前,手指与眼同高;左手收至左侧腰前,手心向上;同时左脚微向前移,脚尖点地,成左虚步;眼视右手。

动作要领:上体自然正直,双肩要下沉,右肘微下垂。

图 8-12

2.右蹬脚(图 8-13)

(1)左手手心向上,前伸至右手腕背面,两手相互交叉,随即向两侧分开并向下划弧,手心斜向下,同时左脚提起向左前侧方进步(脚尖稍外撇);身体重心前移;右腿自然蹬直,成左弓步;眼视前方。

(2)两手由外圈向里圈划弧,两手交叉合抱于胸前,右手在外,手心均向后;同时左脚靠拢,脚尖点地;眼平视右前方。

(3)两手臂左右划弧分开平举,肘部微屈,手心均向外;同时右腿屈膝提起,右脚向右前方慢慢蹬出;眼视右手。

动作要领:身体要平稳,两手分开时,腕部与肩齐平。左腿微屈,蹬脚时脚尖回勾,力量用在脚跟,分手和蹬脚须协调一致,右臂和右腿上下相对。

图 8-13

3. 双峰贯耳(图8-14)

(1)右腿收回,屈膝平举;左手由后向上、向前下落至体前,两手心均翻转向上,两手同时向下划弧,分落于右膝盖两侧;眼视前方。

(2)右脚向右前方落下,重心渐渐前移,成右弓步,面向右前方;同时两手下落,慢慢变拳,分别从两侧向上、向前划弧至面部前方,成钳形;两拳相对,高与耳齐,拳眼都斜向内下(两拳中间距离为10～20厘米);眼视右拳。

动作要领:头颈正直,松腰,两拳松握,沉肩垂肘,两臂均保持弧形。

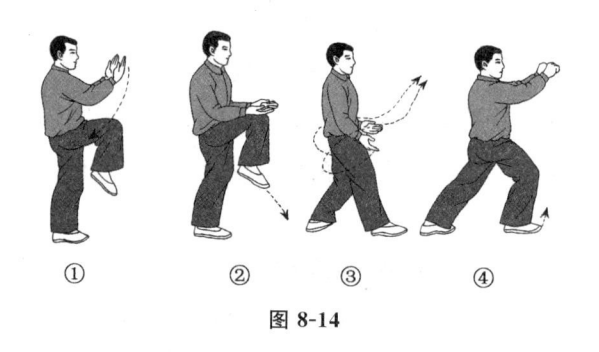

图 8-14

4. 转身左蹬脚(图8-15)

(1)左腿屈膝后坐,身体重心移至左腿,上体左转,右脚尖里扣;同时两拳变掌,由上向左右划弧分开平举,手心向前;眼视左手。

(2)身体重心再移至右腿,左脚收到右脚内侧,脚尖点地;同时两手由外圈向里圈划弧合抱于胸前,左手在外,手心均向后;眼平视左方。

(3)两手臂左右划弧分开平举,肘部微屈,手心均向外;同时左腿屈膝提起,左脚向左前方慢慢蹬出;眼视右手。

动作要领:与右蹬脚式相同,唯左右相反。

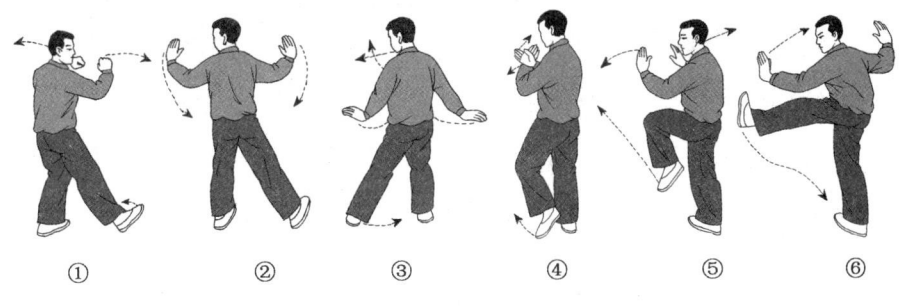

图 8-15

(六)第六组

1. 左下势独立(图 8-16)

(1)左腿收回平屈,上体右转;右掌变成勾手,左掌向上、向右划弧下落,立于右肩前,掌心斜向后;眼视右手。

(2)右腿慢慢屈膝下蹲,左腿由内向左侧(偏后)伸出,成左仆步;左手下落(掌心向外)向左下顺左腿内侧向前穿出;眼视左手。

(3)身体重心前移,左脚跟为轴,脚尖尽量向外撇,左腿前弓,右腿后蹬,右脚尖里扣,上体微向左转并向前起身;同时左臂继续向前伸出(立掌),掌心向右,右勾手下落,勾尖向后;眼视左手。

(4)右腿慢慢提起、平屈,成左独立式;同时右勾手变掌,并由后下方顺右腿外侧向前弧形上挑,屈臂立于右腿上方,肘与膝相对,手心向左;左手落于左胯旁,手心向下,指尖向前;眼视右手。

动作要领:右腿全蹲时脚尖微向外撇,左腿伸直时脚尖向里扣,脚掌全部着地。左脚尖与右脚跟在一条直线上,上体不可过于前倾。上体正直,独立腿微屈,右腿提起时脚尖自然下垂。

图 8-16

2.右下势独立(图 8-17)

(1)右脚下落于左脚前,脚尖着地,然后以左脚前掌为轴,脚跟转动,身体随之左转;同时左手向后平举变成勾手,右掌随着转体向左侧划弧,立于左肩前,掌心斜向后;眼视左手。

(2)同"左下势独立"(2)解,唯左右相反。

(3)同"左下势独立"(3)解,唯左右相反。

(4)同"左下势独立"(4)解,唯左右相反。

动作要领:右脚尖触地后必须稍微提起,然后再向下仆腿,其他均与"左下势独立"相同,唯左右相反。

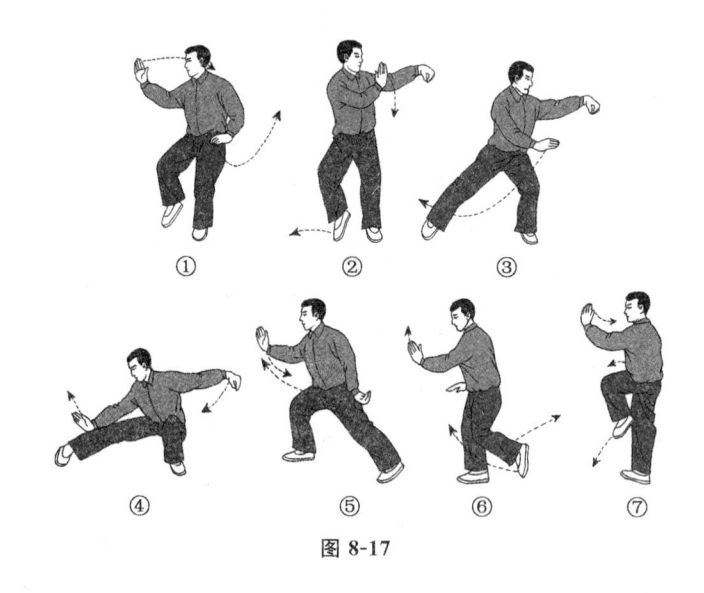

图 8-17

(七)第七组

1.左右穿梭(图 8-18)

(1)身体微向左转,左腿向前落地,脚尖外撇,右脚跟离地,两腿屈膝成半坐盘式;同时两手在左胸前成抱球状(左上右下);然后右脚收到左脚内侧,脚尖点地;眼视左前臂。

(2)身体右转,右脚向右前方迈出,屈膝弓腿成右弓步;右手由脸前向上举并翻掌停架在右额前,手心斜向下;左手向左下,再

第八章　民族传统体育健身方法指导

经体前向前推出,高与鼻尖平,手心向前;眼视左手。

(3)身体重心略向后移,右脚尖稍向外撇,随即身体重心再移到右腿,左脚跟进,停于右脚内侧,脚尖点地;同时两手在胸前成抱球状(右上左下);眼视右前臂。

(4)同(2)解,唯左右相反。

动作要领:推出后,上体不可前俯,手上举时,防止引肩上耸。前推时,上举的手和前推的手的速度,要与马步、松腰协调一致。做弓步时,两脚跟的横向距离以保持在30厘米为宜。

图 8-18

2.海底针(图 8-19)

(1)右脚向前跟进,身体重心移至右腿,右脚稍向前移举步;右手下落经体前向后、向上提抽至肩上耳旁,左手下落至体前侧。

(2)左脚尖点地成左虚点;同时身体稍向右转;右手再随身体左转,由右耳旁斜向前下方插出,掌心向左,指尖斜向下;与此同时,左手向前、向下划弧落于左胯旁,手心向下,指尖向前;眼视前下方。

动作要领：身体要先右转，再左转，上体不可太前倾，避免低头和臀部外凸，左腿要微屈。

图 8-19

3. 闪通臂（图 8-20）

（1）上体稍向右转，左脚微回收举步，同时两手上提；眼视前方。

（2）左脚向前迈出，脚跟着地；左右两手分别向左前、右后分开；左手心向前，右手心向外；眼视前方。

（3）重心前移，左腿屈膝弓成左弓步；同时右手屈臂上举，停于右额前上方，掌心翻转斜向上，拇指朝下；左手由胸前随重心前移慢慢向前推出，高与鼻尖平，手心向前；眼视左手。

动作要领：上体自然正直，松腰、松胯，左臂不要伸直，背部肌肉要伸展开，推掌与弓腿动作要协调一致。

图 8-20

第八章 民族传统体育健身方法指导

(八)第八组

1. 转身搬拦捶(图 8-21)

(1)上体后坐,身体重心移至右腿上,左脚尖里扣;身体向右后转,然后身体重心再移至左腿上;与此同时,右手随着转体向右、向下(变拳)经腹前划弧至左肋旁,拳心向下;左掌上举于头前,掌心斜向上;眼视前方。

(2)向右转体,右拳经胸前向前翻转撇出,拳心向上;左手落于左胯旁,掌心向下,指尖向前;同时右脚收回后(不要停顿或脚尖点地)即向前迈出,脚尖外撇;眼视右拳。

(3)身体重心移至右腿上,左腿向前迈出一步;左手上起经左侧向前上划弧拦出,掌心向前上方;同时右拳向右划弧收到右腰旁,拳心向上;眼视左手。

(4)左腿前弓成左弓步,同时右拳向前打出,拳眼向上,高与胸平,左手附于右前臂里侧;眼视右拳。

图 8-21

动作要领:右拳松握,前臂先慢慢内旋后收回,再外旋停于右腰旁,拳心向上。向前打出时,右臂随拳略向前引,沉肩垂肘,右臂微屈。

2.如封似闭(图 8-22)

(1)左手由右腕下向前伸出,右拳变掌,两手手心逐渐翻转向上并慢慢分开回收;同时身体后坐,左脚尖跷起,身体重心移至右腿;眼视前方。

(2)两手在胸前翻掌,向下经腹前再向上、向前推出;腕部与肩平,手心向前;同时左腿前弓成左弓步;眼视前方。

动作要领:身体后坐时,避免后仰,臀部不可凸出,两臂随身体回收时,肩、肘部略向外松开,不要直着抽回,两手宽度不要超过两肩。

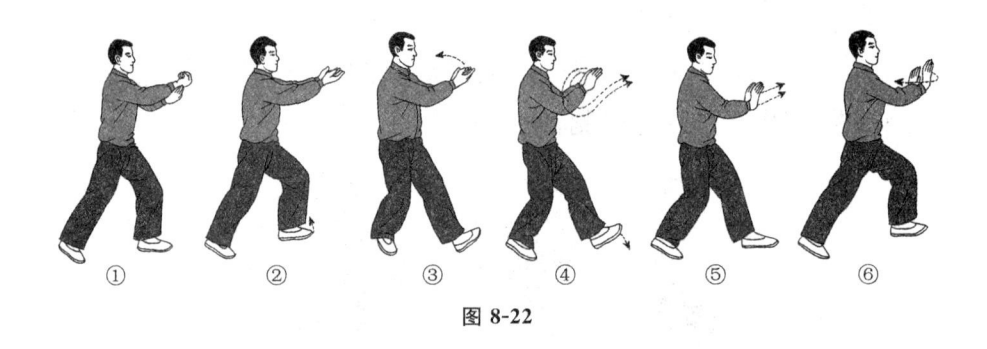

图 8-22

3.十字手(图 8-23)

(1)屈膝后坐,身体重心移向右腿,左脚尖里扣,向右转体;右手随着转体动作向右平摆划弧,与左手成两臂侧平举,掌心向前,肘部微屈;同时右脚尖随着转体稍向外撇,成右侧弓步;眼视右手。

(2)身体重心慢慢移至左腿,右脚尖里扣,随即向左收回,两脚距离与肩同宽,两腿逐渐蹬直,成开立步;同时两手向下经腹前向上划弧交叉合抱于胸前,两臂撑圆,腕高与肩平,右手在外,成十字手,手心均向后;眼视前方。

动作要领:两手分开和合抱时,上体勿前俯。站起后,身体自然正直,头微上顶,下颌稍向后收。两臂环抱时须圆满舒适,沉肩垂肘。

① ② ③ ④

图 8-23

4.收势(图 8-24)

(1)两手向外翻掌,手心向下,两臂慢慢下落,停于腹前;眼视前方。

(2)两腿缓缓蹬直,同时两掌慢慢下落至大腿侧,然后收左脚成并步直立;眼视前方。

动作要领:两手左右分开下落时,全身注意放松,同时气徐徐向下沉(呼气略加长)。呼吸平稳后,把左脚收到右脚旁,再走动休息。

① ②

图 8-24

第三节 毽球

一、毽球概述

毽球又称为毽子,在古代被称为足戏具,是在我国民间广为流传的一种健身游戏。据史料记载,早在汉朝时,就有了关于踢毽子的砖画像,而在南北朝和隋唐时期,踢毽子则广为流行,并且踢毽子的技巧也得到了丰富和完善。其后,踢毽子在民间盛行不衰。

新中国成立后,我国高度重视民族传统体育的发展,踢毽子这一运动形式得到了恢复和发展。在政府和社会各界的倡导和支持下,毽球运动快速普及,尤其是20世纪80年代,各工厂、学校和事业单位中都广泛开展该项运动。

1984年3月,在北京举行了毽球邀请赛,各省市体委都进行了观摩和学习。其后的1987年,中国毽球协会在北京正式成立,积极推动毽球在我国的普及和发展。1999年11月,国际毽球联合会成立,毽球运动开始在世界范围内传播。

二、毽球基本技术

(一)准备姿势

准备姿势是指毽球活动中,运动者在做起动、移动和击球前的身体姿势。根据两脚开位的不同,可以将准备姿势分为两种,即左右开立准备姿势和前后开立准备姿势。

1. 前后开立

两脚前后开立与肩同宽,两脚尖正对前方,后脚跟稍提起,膝关节保持一定的弯曲。上体稍前倾,重心靠前,两臂放松,自然弯曲置于体侧。全身肌肉不宜过分紧张,应适当放松,两脚保持微动状态,两眼注视来球。

2. 左右开立

两脚左右开立,略比肩宽,两膝弯曲,上体前倾,微微提踵,重心在前脚掌,两肩的垂直面超过膝部,两臂自然弯曲放在体侧,全身肌肉适度紧张,双目注视来球。

第八章　民族传统体育健身方法指导

(二)发球技术

1. 脚背发球

以发球对身体与球网的关系为主要分类标准,可以将脚背发球分为两种,一种是正面脚背发球,一种是侧身脚背发球。以正面脚背发球为例。准备发球时,身体正对球网,前后开立,左臂自然前伸,掌心托球于体前。发球时,左手把球垂直向上轻轻抛起,球约在右脚前方40厘米处下落;发球队员重心前移,右脚踝关节绷直,利用抬大腿、踢小腿的动作,在离地面20厘米高度,抖动加力将球击出,把球发入对方场区。

2. 脚侧发球

常用的脚侧发球技术主要有两种,一种是正面脚内侧发球,一种是正面脚外侧发球。以正面脚外侧发球为例。发球前,身体正对球网,两脚前后开立,左脚在前;发球时,抛球于右脚前,绷脚尖,右腿由后向前摆动,足踝内转,用脚外侧加力将球击入对方场区。

(三)踢球技术

1. 膝盖踢球

右手持毽子,两腿自然开立,右手将毽子向正前上方抛起,左腿支撑,右腿屈膝向上抬起(约与地面平行),用膝盖上方平面部位击毽子,当毽子下落至膝部上方20厘米时,大腿再向上摆发力击毽。

2. 脚部踢球

根据脚部踢球的具体部位不同,可以将脚部踢球技术分为脚外侧踢球、脚内侧踢球、脚背踢球、脚前掌踢球以及倒勾踢球。以脚内侧踢球为例。两腿自然开立,左手持毽子于胸前,然后将毽子垂直向上抛起,下落至膝部时,右腿屈膝外展并正摆,用脚内侧中上部向上击毽子,等毽子下落后,再重复用右脚内侧上踢毽子。

(四)传接球技术

1. 胸部传接球

准备传接球时,判断来球,移动胸部。当来球偏低时,可采用屈膝姿势,偏高则可跳起胸部。击球时,两手臂微屈自然置于体侧,身体自然挺胸、伸膝,身体重心上移,给球向前上方一个作用力,使球呈小弧度飞行下落。

2. 脚部传接球

根据脚部传接球时运用的具体部位不同,可以将脚部传接球技术分为脚内侧传接球、脚外侧传接球、脚背传接球三种。以脚背传接球为例。准备用脚背传接球前,两膝微屈,重心下降,做好准备姿势。接球时,一脚支撑身体,另一脚主动插入球下,脚背与地面基本呈水平,当球快落到脚背上时,利用适度的伸膝和踝关节背屈的协调勾踢动作,把球向上踢起。击球部位应在脚的跖趾关节处,离地面10～15厘米的高度适宜作为击球点。

3. 头部传接球

准备进行传接球时,首先要准确判断来球方向,及时移动使身体正对来球方向。当来球飞近额前时,头颈应有主动迎球的动作。当球快触击到前额的一瞬间,及时抬头触击球,顺势把球击起。整个动作要连贯,使触击前额的球向前上方成小弧度下落。头部击球动作可根据来球的高低,原地或跳起空中完成。

4. 腿部传接球

两膝微屈做好准备姿势。当球飞近大腿时,重心移到支撑腿上,击球腿自然屈膝,大腿带动小腿由后向前上方快速抬起,用大腿的前1/3处击球,抬腿力量的大小应根据球的弧度和落点要求加以控制。腿接触球时应与地面保持一定角度,形成良好的反射角。

(五)攻球技术

1. 头部攻球

队员站在限制线后1.5米左右的地方,正对球网,面对来球,观察二传的传球情况,根据传球的弧度和落点不同,采用不同的助跑方式进行起跳,上体挺胸展腹、扭腰、向后预摆头,使身体呈反弓形。当球离头10厘米左右时,利用收腹转腰来带动屈颈"狮子摆头"动作,用头发在额前如挥鞭子式地抽击动作将球攻入对方场区。落地时,应由前脚掌过渡到全脚掌,同时顺势屈膝,以缓冲下落的力量,并立即准备做下一个动作。

2. 脚部攻球

根据脚部攻球的具体部位不同,可以将脚部攻球技术分为脚背攻球、脚掌攻球两种。以里合脚背倒勾攻球为例。背对球网站立,两膝微屈,判断二传来球,调整好准备姿势。助跑起跳要充分,摆腿和摆臂动作要协调有力,并准备向左侧转体。起跳腾空后,摆动腿膝外展,向左转体,击球腿由外向内里合摆腿,使身体产生向左旋转。击球时,当球落在左肩头的上方时,膝关节快速发力,最后用踝关节的勾踢动作把球攻入对方场区。击球后摆动腿先落地缓冲,击球腿随后落地,马上进行下一个动作的准备。

第四节 风筝

一、风筝概述

风筝是我国一项较为传统的休闲活动,其具有悠久的发展历史。学者们认为,在2 500年前风筝就已经出现了。最早的风筝用木头和竹子等做成。在东汉时期,蔡伦改进了造纸术,纸制的风筝开始在民间出现。在宋朝时期,放风筝作为一项户外活动形式而深受人们的喜爱。在著名的《清明上河图》中就有关于放风筝的生动景象。我国南北方的文化具有一定的差异性,北方将风筝称为"鸢",南方则称其为"鹞"。

经过长期的发展,风筝已经成为我国的一项重要的文化形式。著名的潍坊风筝节,每年都吸引着多个国家和地区的人前来参加。如今,放风筝已成为人们的一项重要的休闲运动项目。在城市的夜晚,人们总能看到天空中飘着的闪着灯光的风筝。在春天风和日丽的天气,放风筝的人更多。放风筝不仅能够有效地锻炼人的身体,还能够在一定程度上丰富人们的精神文化生活。

二、风筝基本技术

(一)起飞

1.大型风筝的起飞

一个人拿住放飞线,另外一人拿着风筝在远处十几米或几十米以外,迎风而站立。待有风时,提线人发信号,拿风筝的人将风筝往上一举并松开手,而提线的人顺势收线。这时风筝就会迎风而起。

2.中小型风筝的起飞

放风筝者可以一手持线轮,一手提住风筝的提线,等到风来时,乘势将风筝放出,不断地边抖边放,克服风的扰流影响,保证风筝的起飞。如果风筝左偏就向左甩线,右偏就向右甩线。

(二)上升和操纵

在空中的风筝需要一些上升和操控的技巧,具体如下。

1.原地操控和提升风筝

放风筝者站在原地不动,只靠机动灵活地收放线,用手操纵风筝,把它放上去。原地放风筝时风筝的爬升过程分为以下三个阶段。

其一,风筝起飞后,先用持线的手向后拉线,由于增加了风筝与迎面气流的相对速度,所以风筝会上升。

其二,慢慢地松线,这时风筝会略有下沉,但不会下降很多,然后再一拉线,使风筝上升。

其三,采用一拉一松的方法使风筝上升一段以后,再以适当的速度放线,这时风筝会后退,并稍稍下沉,然后再反复收放线,使风筝又上升。

2.跑动操控和提升风筝

放风筝者在跑动过程中一手持线,一手持轮。要侧着身体跑,不时向后看着风筝的情况。放风筝者要注意保持一定的跑速。跑速决定于风筝上升的情况和手上风筝线拉力的大小。风筝上升快,线的拉力大时,则要放慢脚步;风筝上升慢,线的拉力小时,应增加跑的速度。在风筝上升时要同时以适当的速度放线,要控制在风筝能稳定上升的速度放线。

第九章　其他类型健身方法指导

现代休闲体育运动内容丰富、种类繁多，都可以作为不同人群参与体育休闲与健身的主要方法。根据不同的分类标准可以将休闲体育运动分成多个种类，当前社会上受欢迎程度较高、市场化运作较成熟的时尚休闲运动是大众休闲健身的首选，如瑜伽、轮滑等。此外，由于现代人长期生活在城市，渴望突破时空限制而积极与大自然接触，通过在不同自然环境下的休闲体育运动健身来放松身心、发展自我，此类运动以水上休闲运动、冰雪休闲运动为典型代表，特殊的地域环境特点能给现代人的休闲健身以新的运动氛围和运动体验。本章主要就这几类休闲健身运动的健身技术与方法进行详细指导。

第一节　时尚休闲运动

一、瑜伽运动

"瑜伽"是梵文"Yoga"的译音，意为"连接、联合"。瑜伽是一种非常古老的能量修炼方法，它集哲学、科学和艺术于一身，是生理上的动态运动与心灵上的练习，是一种身体和精神相结合的运动项目。现代社会，瑜伽更是一种健身方法，一种健康的生活方式。当今社会，人们的生活节奏快，各方面的压力大，有规律地练习瑜伽有助于消除心理紧张，避免由于疏忽身体健康而造成的体

第九章　其他类型健身方法指导

能下降,使健身者保持活力并思维清晰,还能通过激发人体潜在能量来保持身心健康,是全世界范围内非常受欢迎的时尚休闲健身运动项目。

(一)瑜伽手印健身学练指导

瑜伽手印,又称"瑜伽印契",是修习瑜伽时手的姿势。不同的手印意义不同,对瑜伽修习者的身心会产生不同的影响。

(1)智慧手印:大拇指与食指叠加或弯曲食指去触摸拇指的根部,其他三指自然伸展。智慧手印能帮助练习者很快进入平静状态。

(2)能量手印:无名指、中指和大拇指自然叠加,其他手指自然伸展。有助于调节大脑平衡,排出体内毒素,让人自信、有耐心。

(3)禅那手印:两手叠成碗状,两拇指尖相连,可以使人们的精神保持平和、稳定。

(4)流体手印:大拇指和小拇指相加,其他三指自然伸展。流体手印可以帮助我们平衡流体,改善视力以及嘴巴过干的现象。

(5)双手合十手印:手指并拢,两个大拇指相扣。左手为阴,右手为阳,双手合十手印,即阴阳平衡手印,可增加人的专注力。[1]

(二)瑜伽坐姿健身学练指导

练习瑜伽,掌握正确的坐姿非常必要。瑜伽坐姿学练是瑜伽习练者科学冥想的基础训练。

1.简易坐

直腿并腿坐,两腿伸直,弯起右小腿,右脚放在左大腿之下,弯起左小腿,左脚放在右大腿之下。双手放在两膝之上,头、颈和躯干在一条直线上(图 9-1)。简易坐有助于放松身心,加强两髋、两膝和两踝的灵活性,补养和加强神经系统,有助安眠。

---

[1] 宋雯.瑜伽教学与实践[M].北京:北京体育大学出版社,2011.

2. 半莲花坐

直腿并腿坐，两腿伸直，弯起右小腿，右脚脚板底顶紧左小腿内侧，弯起左小腿并把左脚放在右大腿上面，头、颈和躯干保持在一条直线上（图 9-2）。半莲花坐可以改善消化系统功能，伸张盆骨肌肉。

图 9-1

图 9-2

3. 莲花坐

坐在地上或垫上，左脚放于右大腿上，脚跟在肚脐下方，底板朝天；右脚放在左大腿上，右脚跟放在肚脐下方，右脚板底朝天，伸直脊柱，两膝贴地（图 9-3）。莲花坐与半莲花坐功能相同，作用更强。

4. 雷电坐

直腿并腿坐，两膝跪地，两小腿胫骨和两脚脚背平放地面，两脚靠拢。两个大脚趾互相交叉，两脚跟向外指。伸直背部，臀部放落在两脚内侧、两脚跟之间（图 9-4）。雷电坐有助于心灵的宁静平和，可促进消化，缓解胃部不适。

图 9-3

图 9-4

第九章　其他类型健身方法指导

5.至善坐

直腿并腿坐,弯曲左小腿,左脚跟顶住会阴,左脚板底紧靠右大腿;曲右小腿,右脚放于左脚踝之上。右脚跟靠紧耻骨,右脚板底放在左腿的大腿与小腿之间,背、颈、头部保持挺直(图9-5)。至善坐有助于畅通经络,补养增强脊柱和腹部器官功能,提升生命之气。

6.吉祥坐

直腿并腿坐,弯曲左小腿,左脚板顶住右大腿;弯曲右小腿,右脚放在左大腿和左小腿腿肚之间;两脚脚趾楔入另一腿的大腿和小腿腿肚之间,头、颈和躯干保持在一条直线上(图9-6)。吉祥坐作用与至善坐基本相同,但效果稍差。

图9-5　　　　　　　图9-6

(三)瑜伽基本体位学练指导

1.树式

(1)站姿,双脚并拢,挺身直立,重心落在右腿,手心相对合掌于胸前。

(2)吸气,将左脚放于右小腿内侧;左膝向外展开,双手合掌于胸前,目视前方一固定点,保持平衡;把左脚放在右大腿内侧,腿部收紧,保持平衡。

(3)吸气,同时双手于头顶上方合掌。腹部稍稍往里收,腰部挺直,保持平衡,持续 30～60 秒,均匀地呼吸。

(4)呼气,慢慢还原(图 9-7)。

图 9-7

2. 船式

(1)仰卧,双脚并拢,两臂平放在身体两侧。

(2)吸气,上身、双脚与两臂上抬,臀部着地,保持平衡。

(3)双脚以 45°角撑展蹬直,躯干与双脚成"V"形。两臂伸直,挺直腰背和胸膛,双脚并拢夹紧。屏息,保持 5 秒钟(图 9-8)。

(4)吐气,慢慢将身体平放回地面。

3. 桥式

(1)跪姿,臀部放在两脚脚跟上,脊柱挺直,两手放在地上,抬高臀部,两手两膝着地跪下来。

(2)吸气,伸直两腿,将臀部升得更高。

(3)双臂和背部形成一条直线,头部处于两臂之间。

(4)脚跟放在地面,伸展腿腱,保持姿势约 1 分钟(图 9-9)。

(5)呼气,慢慢还原至开始时的跪姿。

4. 英雄式

(1)跪姿,并膝,两脚分开,两大腿外侧与相应小腿内侧接触。

第九章　其他类型健身方法指导

(2)臀部放落在两脚之间的地面上,不要坐在两脚之上。

(3)左臂高举过头,弯肘,左手往下放到两肩胛骨之间。

(4)放下右臂,弯肘,提升右前臂,两手手指相叩。

(5)头颈挺直,向前直视,保持姿势 30～60 秒钟(图 9-10)。

图 9-8 　　　　　　　　　图 9-9

5.婴儿式

(1)跪坐,臀部在脚跟上,双手掌心贴放在小腿两侧。

(2)呼气,自然屈双肘,额头自然地轻放在面前的地面上。

(3)双手掌心向上,自然放松地置于小腿两侧(图 9-11)。

图 9-10 　　　　　　　　　图 9-11

6.格拉达式

(1)俯卧,双膝间保持一个横拳的距离。

(2)上屈双膝,左手抓握左脚掌,翻转手腕,掌根按压左脚掌,左手指和左脚趾指向同一方向,左脚掌贴近左臀。

(3)抬右臂,右手抓握右脚大脚趾的一侧。

(4)深吸气,呼气时抬头,胸部抬离地面,向上翘起躯干。

(5)左臂下压左脚掌,右臂向上提拉右脚掌。左脚掌与地面平行,右大腿尽量高离地面。髋关节不要外翻。保持姿势约15秒钟(图9-12)。

(6)呼气,放落右腿,打开左臂,伸直双腿,俯卧,稍休息,重复练习1次。

7.战士第一式

(1)两脚并拢,自然站立,双掌合十,伸展高举过头。

(2)吸气,两腿分开。

(3)呼气,右脚和上身躯体向右方转90°。

(4)屈右膝,腿与地面平行,小腿与地面及大腿垂直。

(5)左腿后伸,膝部挺直。头上仰,目视双掌,伸展脊柱。保持姿势20～30秒钟(图9-13)。

图 9-12

图 9-13

8.战士第二式

(1)以基本三角站立姿势开始。

(2)深深吸气,两脚大大分开,两臂侧平举。

(3)左脚向左转90°;右脚稍向左转,不要超过30°。

(4)屈左膝,大腿与地面平行,小腿垂直于地面和大腿。

(5)两手伸展,头向左方转,目视左手手指尖。

(6)深呼吸,尽量伸展左小腿背面的腘旁腱和其他肌肉。保持姿势约30秒钟(图9-14)。

图 9-14

(四)瑜伽健身冥想学练指导

瑜伽冥想是一种趋于内在的事物,没有直观的表现反映,但却真实地存在并对瑜伽习练者的健身练习有着重要影响。瑜伽冥想种类较多,各具特点与作用,具体分析如下。

(1)祈祷:一种渴望神圣的冥想,是净化心灵的重要方式,带有极强的宗教色彩。

(2)沉思:是一种深度思考行为,对于某一件事物不只要看到事物的表面,还要认识到事物内在的本质。

(3)呼吸冥想:通过想象、看到和感受气体在鼻尖鼻孔呼出呼入或腹部的鼓起和收缩,将意念专注于呼吸,慢慢进入冥想状态。

(4)梵文冥想:通过默念瑜伽语音,在脑海里思索这些语音,或者听录音,或者可以大声唱诵进入冥想状态。

(5)移动冥想:将注意力放在身体上来进入冥想状态。如练习者可将注意力完全放在身体的某种姿势带来的感觉上,瑜伽体位练习可帮助练习者进入冥想。

(6)意念冥想:通过意念的引导进入冥想状态。这种意念的引导可以是自我意念(设定环境将意识集中从而进入冥想状态),也可以通过引导词引导进入特定境象。

二、轮滑运动

轮滑运动,又称"滑旱冰",是一项历史悠久并具有国际性的体育运动,相传为法国人加尔森发明,目前主要包括速滑、花样滑和轮滑球3大项目。轮滑运动集健身、竞技、娱乐、趣味、技巧、休闲于一身,具有健身休闲等多重功效,尤其深受青少年喜爱。

(一)轮滑基本技术学练指导

1.原地站立

(1)"丁"字站立:呈丁字步站立,前脚跟卡住后脚的脚弓,上体稍前倾,双膝自然弯曲,身体重心落在后脚上(图9-15)。

(2)"八"字站立:双脚换成平行站立,两脚跟靠近,脚尖自然分开,上体稍前倾,双膝自然弯曲,重心落在两脚之间(图9-16)。

(3)平行站立:两脚分开,与肩同宽,脚尖稍内扣,膝部微屈,重心落在两脚之间(图9-17)。

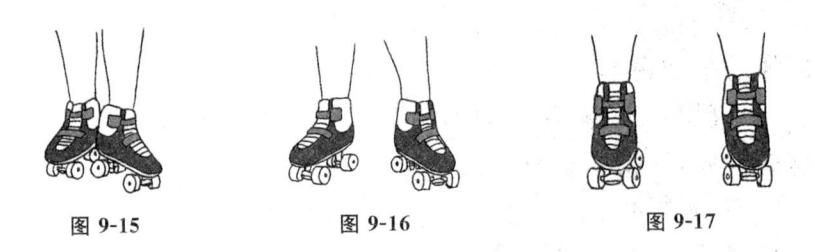

图9-15　　　　　图9-16　　　　　图9-17

2.移动重心

(1)原地移动重心

原地左右移动:两脚平行站立,上体向一侧倾移,重心逐渐转移至一条腿上,稳定后再向另一侧移动。

原地抬腿:两脚平行站立,上体稍前倾,重心移至左腿,右腿稍抬起、放下。以同样方法练习左腿。

原地蹲起:两脚平行站立,先做半蹲,逐渐加大下蹲的幅度,直至快速深蹲和静蹲后站起。学练中注意踝、膝、髋关节的协调配合。

(2)外"八"字脚移动重心

先将重心移至左脚,右脚前迈一小步,重心移至右脚,再左脚前迈一步，重心移至左腿。如此反复练习，逐渐加快迈步频率和距离。

(3) 侧向移动重心

将重心向右侧移动，左脚随之向左横跨一步，右脚迅速靠拢，待稳定后再进行向右侧的下一步。左右脚反复练习。

(4) 交叉步移动重心

两脚平行站立，先将重心移至左腿，继续向左移动稍超出左腿支撑点，收右腿，右腿向左腿前外侧迈步成双腿交叉姿势，重心随之移至右腿，再收左腿向侧跨步，恢复至开始姿势。左右两侧反复练习。

3. 蹬地技术

(1) 单脚蹬地

左脚在前成"丁"字形站立，右脚用内侧轮向身体的侧后方蹬地，左脚尖稍向外撇向前滑行，身体重心随之移至左腿，同时右脚收成双脚着地，两臂在体侧自然地摆动，肩要放松，上体前倾度应比走步时稍大，两脚交替蹬地，使身体前进。

(2) 两脚交替蹬地

左脚在前成"丁"字形站立，屈双膝，右脚用内侧轮向身体的侧后方蹬地，左脚屈膝向前滑行，身体重心逐渐移至左腿，成单脚支撑向前滑行。右脚蹬地后在左脚的侧后方自然放松地收至靠近在脚外处落地滑出，脚尖稍向外展，再用左脚内侧蹬地，重复交替蹬地前行。

4. 滑行技术

(1) 向前滑行技术

前葫芦步：以双脚内刃站立，起滑时身体稍前倾，两膝弯曲用力，两脚尖向外，两臂自然张开维持平衡。当双脚向前外滑出至最大弧线时（两脚稍宽于肩），两脚尖迅速内收靠拢，恢复至开始姿势。双脚连续做分开与靠拢动作，推动身体不断向前滑进（图9-18）。

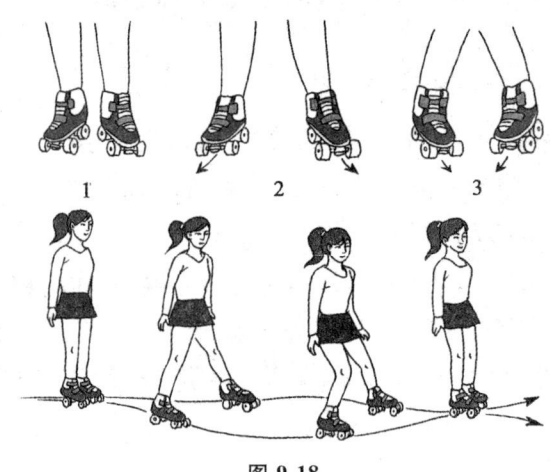

图 9-18

前双曲线滑行:两脚平行站立,左脚以内刃向侧肩蹬地(4轮不离地),重心在右脚,向右滑双脚曲线,然后右脚用内刃向侧后方蹬地,重心在左脚,向左滑双脚曲线,左右依次连续滑行前进(图9-19)

图 9-19

单脚向前直线滑行:原地两脚成"T"形站立,左脚在前,右脚在后,两腿稍弯曲,用右脚内刃蹬地,重心慢慢移至左腿,右腿蹬直后右脚蹬离地面,成左脚向前滑行。然后收右脚在左脚侧面落地,左脚蹬地重复上述动作,成右脚单脚向前滑行。两脚交替滑行(图9-20)。

双脚滑行:用右脚内刃向侧后方蹬地,重心移至左脚,蹬地后的右脚迅速收回与左脚平行成双脚向前滑行,再用左脚内刃向侧

第九章 其他类型健身方法指导

后方蹬地,蹬地后迅速收回与右脚平行成双脚向前滑行。两脚依次交替蹬地连续向前滑行。

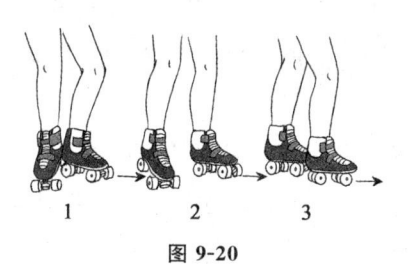

图 9-20

(2)向后滑行技术

向后葫芦滑行:两脚稍分开,平行站立,脚尖稍向内,两腿弯曲,用两脚内刃向前蹬地,同时两脚跟向两边分开,向后外滑至最大弧线时,两脚跟收拢,两膝用力伸直,恢复至开始姿势。重复上述动作,连续向后滑行(图 9-21)。

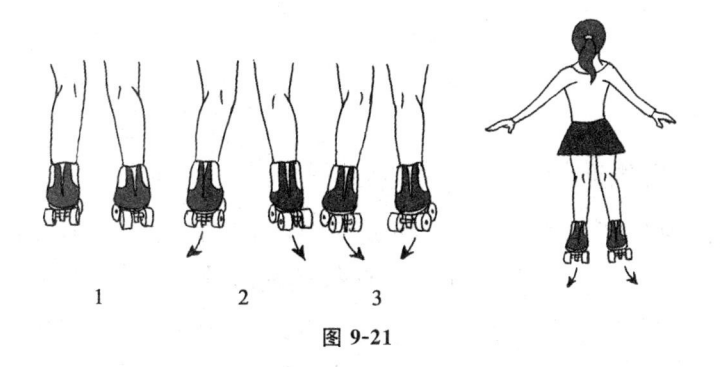

图 9-21

向后蛇形滑行:两脚稍分开,两腿弯曲,脚尖稍向内转。用右脚内刃向前下方蹬地,身体重心移向左侧,成左脚向后滑行。右腿伸直,随即右脚放在左脚侧面,恢复开始的姿势。然后再用左脚蹬地,身体重心移向右侧,成右脚向后滑行。左腿伸直,随即左脚放在右脚的侧面。重复上述动作,连续向后滑行。

5.转弯与转体技术

(1)后滑压步转弯:以左转弯为例,两脚前后分开后滑,右脚在前,左脚在后,身体重心落在右脚上。左脚提起,在右脚的左后方落地,身体重心移到左脚上。左脚向右侧蹬地,右脚移至左脚左前方,右膝弯曲,两脚交叉,压步,重心移至右脚,上体左倾。向右后方转弯,两脚动作、方向相反。转弯时,两臂张开,维持身体平衡。

(2)前滑压步转弯:以左转弯为例,先使重心落在左脚,身体略向左倾斜。右脚向右侧后方蹬地,收腿提至左脚的左前方着地。左脚再向右脚的右侧后方蹬地,推动右脚向左滑行,重心随势转移到右脚上,上体略左转(图 9-22)。向右转弯时,动作相同、方向相反。转弯时,两臂张开,维持身体平衡。

图 9-22

6.停止技术

(1)内"八"字停止法:前滑过程中,两脚平行分开站立,脚尖内转,屈膝,以内侧轮柔和地压紧地面,逐渐减速至停止(图 9-23)。

(2)"T"形停止法:单脚向前滑行过程中,浮足在滑行脚的后跟处成"T"形放好后,将浮足慢慢放在地面上,以内侧轮柔和地压紧地面,减速滑行直到停止(图 9-24)。

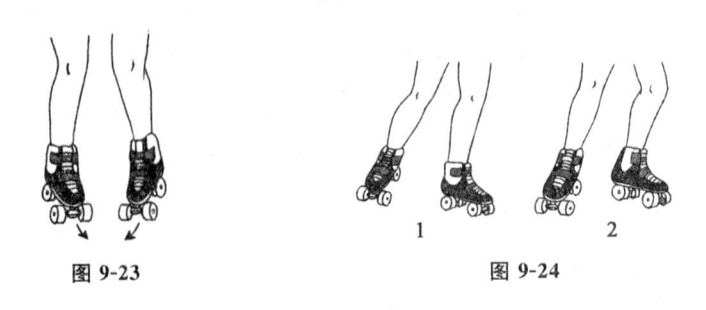

图 9-23

图 9-24

第九章　其他类型健身方法指导

(3)双脚急停:向前滑行过程中(以顺时针为例),两脚同时做顺时针方向急转,左脚以内刃、右脚以外刃与滑行方向成90°角压紧地面,身体向右急转,重心移到右腿上,屈膝,减速停止。

(4)向后滑行停止:向后滑行过程中,抬起两脚脚跟,用两脚的制动器摩擦地面,减速停止,两臂侧伸,维持身体平衡。

(二)速度轮滑技术学练指导

1. 身体姿势

上体前倾,目视前方5～6米处,身体保持放松,摆臂与蹬地的动作协调配合,左腿向前滑出时,右臂向前摆;右腿向前滑出时,左臂向前摆。重心随着两腿蹬地交替变化,滑行腿膝关节放松并稍弯曲前弓。蹬地脚用内侧轮向身体的侧面后方(与身体横轴成45°角)用力蹬地,尽快收腿,在靠近滑行腿的内侧着地。

2. 起跑技术

以前点地预备姿势为例:两脚分开距35～55厘米,两脚间开角50°～70°,上体前倾,重心在两脚中间或偏前一些;开始起跑后,迅速抬起前脚,后脚用力蹬地伸直,上体前倾,髋关节前送,两臂用力摆动,整个身体迅速前冲;起动后,疾跑(身体姿势高,步频快,蹬地有力)五六步进入滑行。

3. 滑行技术

(1)直道滑行技术

上体前倾,与地面夹角为25°左右,背部稍凸起,膝关节弯曲120°左右。抬头,目视前方10米处。如果右脚支撑前滑,左脚在左后侧蹬地,左脚蹬地后,屈腿后摆再前收,靠右脚后落地支撑滑行,接着右脚在右后侧蹬地,交替滑行。两臂与两腿动作配合前后摆动,滑行时两臂的摆动速度要稍快于两腿的动作速度,以增强轮子的蹬地力量,提高滑行频率。

(2)弯道滑行技术

利用交叉步使重心落在左脚外侧和右脚内侧,滑行姿势比直道滑行稍低。由于离心力的存在,上体必须向左倾斜,倾斜度应与滑行速度和弯道圆弧的半径相适应。如左脚滑行时,右脚在右后侧蹬地之后,右大腿带动小腿落在左前侧支撑滑行,重心移到右脚,同时左脚在右后侧蹬地收回支撑滑行。如此交替压步转弯至直道滑行。摆臂时,右臂摆动较大,左臂贴身摆动。

4.冲刺技术

速度轮滑的冲刺距离应结合总滑行距离长短、运动者训练水平而定。一般来说,运动者水平越高,总滑行距离越长,则冲刺距离就越长。长距离一般在最后 400～800 米时冲刺。短距离在最后 100～200 米时冲刺。

(三)花样轮滑技术学练指导

1.弧线滑行技术

(1)前外弧线

以左脚开始,右脚内刃蹬地,用左脚外刃滑出,身体稍向左倾斜,左臂在前,右臂在后,右腿蹬地后直腿后举。身体缓慢左转。右腿前移靠近左腿,两臂侧平举。在滑过弧线一半时,右臂向前,左臂向后,交换右脚向前落地滑行,左脚内刃蹬地,其他动作同前,只是左右互换,两脚交替滑行。

(2)前内弧线

以左脚开始,用右脚内刃蹬地,左脚内刃滑出,右臂在前,左臂在体侧,右脚蹬地后直腿后举。滑过弧线一半时,两臂交换位置,右脚移至左脚前面落地以内刃滑行,左右交替蹬地,向前滑行。

(3)后外弧线

以右脚滑后外弧线,可先向右做后压步。左脚用内刃蹬地后,用右脚外刃落地向后滑弧线。头从右肩上向后看,右臂在后,左臂在前,身体向右倾,右脚微屈膝。当滑过弧线一半时,头仍向右看,两臂随身体左转互换位置,右腿逐渐伸直,同时,左脚放到体后。当滑速减慢时,再做后压步,然后再进行右后外弧线滑行。

(4)后内弧线

以右脚内刃做向后弧线滑行。先做向左的后压步,左脚蹬地后,右脚内刃着地向后滑弧线时,右臂在前,左臂在后,身体稍向左倾,头左转向后看。滑过弧线一半时,左脚移至右脚的侧前方,上体姿势不变。滑速减慢时,再做向左后压步,继续做右后内弧线滑行。

2. 跳跃技术

以"3"字跳为例,从右后外弧线滑接左前外弧线滑行。左腿屈膝,右浮腿伸直在后,两臂后摆,接着左脚蹬地跳起,两臂和右浮腿配合向左前上方摆动,逆时针转体180°,右脚屈膝缓冲落地,成后外刃滑行。左腿伸直后摆,右臂侧平举,左臂前平举。

3. 旋转技术

双足原地旋转时,先两脚平行站立,两臂先向左摆,接着右臂向右快速平摆身体同时右转。用左脚的后轮和右脚的前轮支撑旋转。

三、攀岩运动

攀岩运动是从登山运动中派生出来的一种时尚体育运动,它是在天然岩壁或人工岩壁上进行徒手攀登的运动,包括攀登的速度、难度、技巧等。

(一)手部技术学练指导

攀岩运动手部的基本动作,包括抓、抠、拉、推、握等多个技术动作(图9-25)。

在攀岩运动中,所使用到的手部动作有很多,针对支点上不同突凸的特点,可以采用不同的方法。同一支点可以有多种抓握的方法。以握为例,攀岩运动中常用的握的技术方法主要有以下几种。

图 9-25

(1)抓握——用手抓住岩石的凸起部分。

(2)拉——抓住前上方牢固支点,小臂贴于岩壁,抠住石缝隙或其他地形,以手臂力量拉动身体移动。

(3)张——手伸进缝隙里,以缝隙为支点,手掌或手指曲屈张开发力,移动身体。

(4)推——利用手臂对岩体或物体的推撑移动身体。

(5)抠——用手抠住岩石的棱角、缝隙和边缘。

(6)反扣——充分依靠手与手或手与脚之间的反作用力支撑身体。

(7)换手——换手之前要控制好身体的重心,将身体置于一种平衡状态,换手动作结束后,身体也要保持同一平衡状态。

(二)脚部技术学练指导

攀岩运动中,攀岩者应充分利用脚部强大的负重能力、耐力和爆发力。攀岩鞋在不到1厘米宽的支点上都可以稳固地支撑全身重量。攀岩运动的基本脚法有蹬、钩、挂、塞、挤等。在自然岩壁支点大小不一和方向不同的情况下,要灵活运用(图9-26)。

(1)踩、踏。利用脚前部下踏较大的支点,减轻上肢的负担,移动身体。正踩时,通过鞋尖内侧边拇趾处进行踩点。主要是依靠增加攀岩鞋与支点之间的压力来增大摩擦力,尽量抬高脚跟,将重心转移至脚尖,以支撑身体平衡;侧踩时,通过攀岩鞋的前脚掌外侧边四趾部位进行踩点。在做侧踩动作时也应尽量抬高脚

第九章　其他类型健身方法指导

跟,以增加脚部对支点的压力来增加摩擦力支撑身体;鞋前点踩时,可用攀岩鞋的正前方部位踩点。针对一些比较小的支点或指洞点无法使用正踩或侧踩,可将前脚尖部塞进去支撑。

图 9-26

(2)蹬。用前脚掌内侧或脚趾的蹬力支撑身体。

(3)跨。利用自身的柔韧性,避开难点,以寻求有利的支撑点。

(4)挂。用脚尖或脚跟挂住岩石,支撑和移动身体。以挂腿为例,当攀岩者的一只手抓握一个比较大的支点时,将这只手的对侧腿抬起,挂在手腕上,并依靠手腕和手臂的力量移动身体,另一只脚做辅助的发力,控制身体平衡。

(5)钩。用脚的后跟部位钩住支点。多用在屋檐的翻出部位上,用脚的后跟挂住支点。在钩的过程中,伸腿、屈胸,向上直到脚能钩到支点,腿部发力将身体勾向勾点的方向,实现身体的移动。

(6)换脚。一般来说,脚点应低于手点,以减轻上体的紧张;把脚集中放在一点上;将重心平稳过渡到另一个脚点,移动时以脚踝为中心减少上身运动。使重心平稳地从一个支点向另一个支点移动。

(三)手脚配合学练指导

1.侧拉

攀岩中,侧拉多在过仰角及支点排列近于直线时使用,以节省上肢力量,第一次侧拉时,身体侧向岩壁,同侧手触摸岩壁,而后单腿支撑重量,同侧手抓握上方支点,另一只腿伸直用来调节身体平衡。做第二个侧拉时,双手抓稳后,以支撑脚为轴转体,脸转向对侧,平衡腿在支撑腿前交叉而过,以脚尖外侧踩下一支点,平衡腿变成支撑腿,自由手变成支撑手,实现重心的转移。

2.手脚同点

攀岩过程中,当一些手点高度在腰部附近时,把同侧脚也踩到此点,身体向上向前压,把重心移到脚上,发力蹬起,一手支撑,另一手伸手抓握下一支点。

(四)攀岩途中休息指导

徒手攀登过程中,途中休息的方法主要有以下三种。

(1)站立直臂休息。上身外倾,远离岩壁,腿部和臀部尽量贴紧岩壁,两脚分开踩两支点,手臂放直以达到休息的目的(图9-27)。

图 9-27

(2)蹲点休息。一只脚采用半蹲的姿势正踩支点,重心放在所踩支点之上,腿部和臀部尽量贴紧岩壁,上身稍向后倾或向侧面倾斜,放直手臂。多用于直立岩壁的攀岩。

(3)双脚对侧踩点。两腿成一定角度分开,两脚以正踩方法踩点,重心在两腿之间,放直手臂。多用于内角形岩壁的攀岩。

(五)结绳技术学练指导

攀岩过程需要进行保护,攀岩绳和保护器是常用的攀岩工具,可以对攀岩者施以有效的保护,因此必须掌握结绳技术,以便更好地使用攀岩绳和连接保护器,保护攀岩者的安全。

(1)单结:固定其他绳结,可单股也可双股打结。

(2)渔人结及双渔人结:用于连接绳子或伞带,不易松脱。

(3)8字结:主要用于绳索中段的打结。

(4)称人结:基本的绳结,绳尾一定要加半扣。

(5)水结:主要用于连接伞带,此结易松,故必须用力打紧及经常检查。

常用绳结的打结方法技巧如图 9-28 所示。

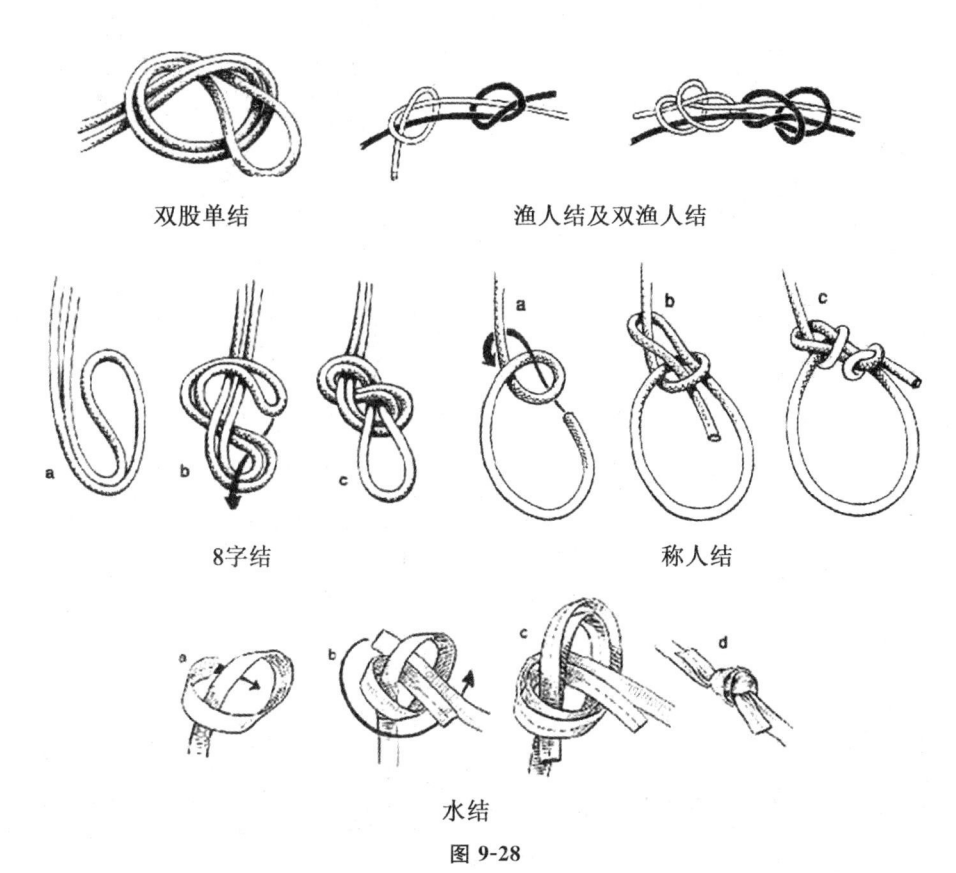

双股单结　　　　　　渔人结及双渔人结

8字结　　　　　　称人结

水结

图 9-28

(六)保护技术学练指导

1.保护点设置

攀岩过程中,保护绳索的有效固定能有效地保护攀登者与保护者因坠落而发生的不必要的意外伤害事故,保护点的设置就是将攀岩中所需的保护的绳索固定好。

2.保护点装置系统的安装

攀岩中,设置保护点的主要有绳套、铁锁、挂片、膨胀螺栓、岩石锥、机械塞等装备。攀岩运动中,使用辅助绳来安装保护系统,方法有很多,如图9-29所示,利用绳套平均分担受力,即便其中一个固定点脱了,另一个还会拉住,两个固定点的角度60°为宜。

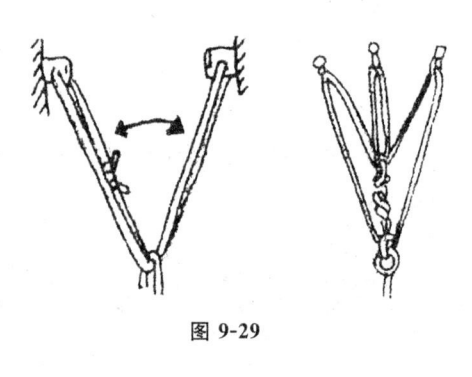

图 9-29

3.实施保护

攀岩运动中,保护者对攀岩者实施保护大致可以分为上方保护和下方保护两种,具体保护方法及程序如表9-1所示。

表9-1 攀岩运动保护技术与方法实施

上方保护	(1)攀岩者与保护者各自做好准备(穿戴好装备)
	(2)攀岩者与保护者相互检查,注意"8"字环、安全带、铁锁等是否牢固
	(3)攀岩者向保护者发出"开始"信号
	(4)保护者向攀岩者发出"可以开始"信号
	(5)攀岩者开始攀登,保护者实施保护
	(6)攀岩者登顶后发出"下降"信号
	(7)保护者发出"可以下降"的信号,放绳

第九章　其他类型健身方法指导

续表

下方保护	(1)起步时保护者站在攀岩者下方,双手张开,防其脱落 (2)保护者选择最佳的位置和站立姿势 (3)保护者精力集中,密切关注攀岩者的行动,力求有一定的预见性 (4)保护者始终有一只手紧握通过下降器的绳子(右手随时制动)。双手协调配合,根据需要随时收、放,松紧适中 (5)攀岩者处于或可能处于危险状态时,保护者要及时给予提醒 (6)攀岩者脱落时,保护者不能立刻收紧绳子,要给予一定缓冲

第二节　水上休闲运动

一、漂流运动

漂流运动最早起源于爱斯基摩人的皮船和中国的竹术筏,但当时这项运动只是为了满足生活和生存需要。漂流运动在第二次世界大战结束之后发展成为一项真正的户外休闲体育运动项目,受到许多休闲运动爱好者的喜爱。

(一)读河技术学练指导

1. 激流

激流是漂流运动不可避免的一种河流现象,激流的产生受以下四个要素影响。平整度:受石块、边缘形状以及砾石形状影响的河床表现;斜度:河床顺流而下的斜度;构造:河床的宽窄度;体积:顺流而下的水量(立方英尺/秒)。在漂流运动中,常见的激流种类形态主要有以下几种。

(1)通道:河水以不同的大小沿多条通道通行。

(2)舌状潮水:激流开端是平稳而快速流动的水,呈倒"V"形。

(3)排浪:当快速流动的潮水突然变缓形成一系列大而持续的波浪,排浪多为水最深的通道。

2.河道弯曲

河道拐弯处,受离心力牵引,水会在外环线堆积,并在内环线堆积流速较慢较浅的水,外环线通道最深、流速最快。

3.间断

连续的波浪突然间断,可形成对漂流艇的一个打击力量,会使漂流艇如同被推或撞了一下。

4.逆流

逆流通常是由于部分河水在某一区段摆脱主流,逆向流动,形成一股与主流方向相反的猛烈的水流,在漂流中是比较危险的水流。

5.直立浪

直立浪的产生,多是河流的水在流进过程中,当流速快的水流遇到流速慢的水流,水流量无法及时排走,多个水浪相叠摞形成。直立浪多为冲天大浪,通过时注意观察,如果直立浪很高但坡度平缓,应让船头对准浪尖,直接骑过去,这就是"切浪"技术;如果直立浪非常陡峭汹涌,漂流者应从浪的边缘通过。

6.倒卷浪

倒卷浪通常是比较危险的,多见于隐秘水下的礁石的下游位置,大的倒卷浪会形成"水洞",形态类似抽水马桶,一旦误入,就会被吸住,陷在其中,甚至会把船掀翻。应尽量避开或从边缘通过。

(二)操桨技术学练指导

1.前进与后退

正对前进方向或背对前进方向,向前侧身,手臂打直,把桨伸到水里,全力把桨往回拉或前推,注意用力方向与桨对水的作用力相反、水的反作用力与推动艇筏前进的方向一致。

2. 改变方向

一支桨划动时,另一支桨在水面,让船产生一些后退运动从而转变方向。双桨转动时,用一支桨推动,同时拉动另一支桨,双手反向运动,使船快速转动方向。

3. 避开障碍

(1)确定水的流向,不一定始终使船与河岸保持平行。
(2)让船左右转动以便与水流成一个角度。
(3)平滑拉动,持续操桨。
(4)侧面滑过障碍:用旋转船的方法使船从侧边滑过障碍。

(三)紧急险情应对指导

1. 游过激流

(1)平静面对。保持平和的心态,注意避开岩石。
(2)屏住呼吸。冲入大浪前先深呼吸,冲过急流后调整呼吸。
(3)远离船边。漂流船冲过激流时,避免靠船边太近,以免漂流船的重心不稳而落入河中,或身体部位被甩出船外碰撞到岩石。
(4)举桨求救。漂流运动中,一把竖直举起的桨是求救的信号。
(5)注意保暖。漂流中与浪接触应防止衣服和身体被水打湿,避免出现体温过低现象,注意加强保暖。

2. 陷入漩涡

(1)不小心陷入漩涡后,寻找漩涡下层及漩涡的旁侧与主流方向一致的水流,顺流冲出漩涡。
(2)如果条件允许,可弃船上岸,用绳子把船从漩涡中拖出。

3.碰撞岩石

(1)掉转船头。船撞上岩石前,旋转船,调转船头绕开岩石。

(2)船头撞上岩石。无法避开时,应让船头撞上岩石,以使船体受阻降低速度或停下,重新调整航线再出发。

(3)船上人员集中于一侧,改变漂流船的重心,让船顺流绕开岩石。注意避免重心过于集中于漂流船而导致漂流船倾覆与沉陷。

4.倾覆

(1)漂流船倾覆落水后,保持镇定,避免撞击到障碍物上,尽量浮在水面上或上岸避开急流水域。

(2)保证人员安全的前提下,将船拉开危险水域。

(3)漂流船上的同伴伸出划桨让落水者攀抓;如果落水者离艇较远,应上岸或停留在石头的背水面等待救援。

二、游泳运动

游泳运动是在古时人们在生产生活实践中逐渐形成的。游泳运动中,特殊的水环境能为运动者带来丰富的体验与运动健身功效,游泳运动集日光浴、空气浴、水浴于一体,能增强心肌机能,加快血液循环,提高内分泌功能,完善免疫系统,还有助于滋润皮肤、调节体温,并具有非常好的塑形美体功能,是非常受欢迎的休闲运动健身项目。

根据不同游泳姿态,现代常见游泳运动主要分为蛙泳、蝶泳、仰泳、爬泳(自由泳)四大类,这里重点指导前两种普及程度广、健身效果较好的游泳技术动作。

(一)蛙泳技术学练指导

1.身体姿势

身体俯卧,自然伸直,收腹成流线型。身体纵轴与水平面的夹角变化区间为 5°～15°（图 9-30）。

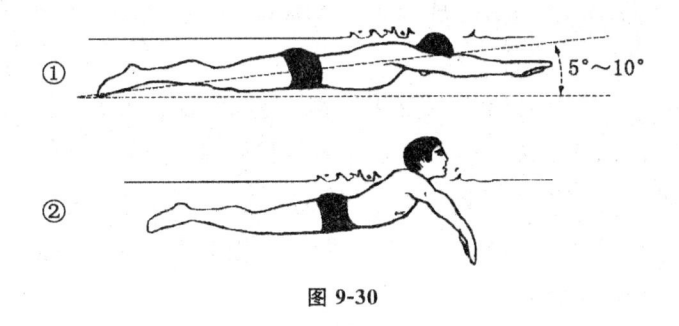

图 9-30

2. 腿部动作

蛙泳的蹬腿动作可分为收腿、翻脚、蹬腿和滑行四个部分。

（1）收腿。大腿带动小腿前收，边收边分，两脚和小腿在大腿正面投影截面内，两脚后跟尽量靠近臀部，大腿与躯干成 30°～150°角，两膝分开最大时与肩同宽。

（2）翻脚。收腿动作快结束时，脚仍向臀部靠近，两膝稍向内合，两脚外转勾脚尖，脚尖向外，小腿离开大腿的投影截面。

（3）蹬腿。翻脚后，以大腿发力向后弧形蹬腿，伸髋、伸膝做快而有力的鞭打蹬腿动作。蹬腿是获得推进力的主要来源。

（4）滑行。蹬腿结束后，两腿并拢伸展，脚踝伸直。

3. 臂部动作

蛙泳的臂部动作可分为抓水、划水、收手和伸臂四个部分。手的划水路线近似于两个相对的"桃心形"（图 9-31）。

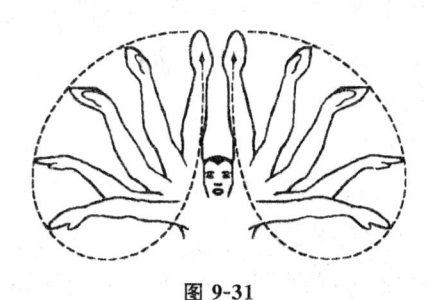

图 9-31

(1)抓水。紧接滑行,肩前伸,两臂内旋滑下,稍勾手,两臂分开向侧下方压水,两臂成 30°～40°角,两臂与水平面成 15°～20°角。

(2)划水。当两臂分成 40°～45°时,逐渐屈臂形成高肘,向两侧、后下划水,至两臂之间为 120°时,肘屈约成 90°。

(3)收手。当两臂划至最宽处,开始向内划水,转腕使手掌和前臂始终对准水,直至两前臂和手掌心相对,此时肘下降低于手。

(4)伸臂。掌心由收手时的向内逐渐向下方,两臂同时向前伸出,两手拇指并拢。

4. 完整动作配合

蛙泳完整配合通常采用 1 次腿、1 次臂、1 次呼吸（1∶1∶1）完整配合。蛙泳时,两腿自然伸直,手滑下时开始收腿;收手时抬头吸气;两臂前移时两脚向后蹬夹水。

(二)蝶泳技术学练指导

1. 身体姿势

头和躯干不断地在水平面上下移动,身体姿势力求稳定,身体有节奏地起伏,为臂和腿部动作提供有利的条件。

2. 腿部动作

由腰部发力,大腿带动小腿,当两腿处于最低点时,髋关节屈成 160°,臀部上升至水面,两小腿伸直向上,髋关节展开,当膝关节弯曲成 110°～130°时,髋至最低点,两脚移至水面;两脚向下打水,踝关节放松,脚内旋打水。打水动作呈连贯、协调的波浪形。

3. 臂部动作

两臂伸直与肩同宽入水,面向下,头低于臂,直臂划水,臂和手掌向斜外抱水,口鼻呼气且逐渐屈肘,两臂尽量高肘划开至 90～95 厘米宽;两臂向后内划至肩垂直部位时,两臂屈肘最大为 90°,两手距离最近为 10～15 厘米。抬头呼气,两手加速向后外推

第九章 其他类型健身方法指导

水,臂划水结束时,上提两肘,利用惯性力,两臂屈肘侧甩,直臂经体侧前移。

4.完整动作配合

两臂入水做第一次打腿;臂抓水时腿向上;两臂划至胸腹下时开始第二次打腿;臂推水结束时两腿打水结束;两臂空中前移时,两腿向上;臂快入水时屈膝最大。

三、潜水运动

潜水是在水面以下的观赏、体验活动,可以达到锻炼身体和休闲娱乐的目的,是当前人们十分崇尚的一种休闲体育运动。

(一)入水技术学练指导

(1)正面直立跳水:双脚前后开立,一手按住面罩,一手按空气筒背带。水深在1.5米以上时可采用此入水姿势。

(2)正面坐姿入水:双手撑住一侧平台,稍用力支撑身体,然后旋转身体进入水中。

(3)侧身入水:在船上浮卧滚身入水。

(4)背向坐姿入水:坐于船帮上,面向里,向后仰面入水。

(二)潜降技术学练指导

BC(浮力调解器)法是当前潜水者潜降时的常用方法,根据是否配合使用浮力调节器,还可细分为以下两种方法。

(1)使用浮力调节器并配合配重带,头上脚下地进行潜降。

(2)不用浮力调解器时,头下脚上。

(三)上升技术学练指导

上升过程中,上升速度应控制在每分钟18米以内,不要超过自己呼出的气泡的上升速度。注意始终保持呼吸不要停止;注意观察背后,转身时动作应缓慢。

（四）潜水手语学练指导

初学者参加潜水运动时，应熟悉掌握潜水手势，常见潜水手语具体如图9-32所示。

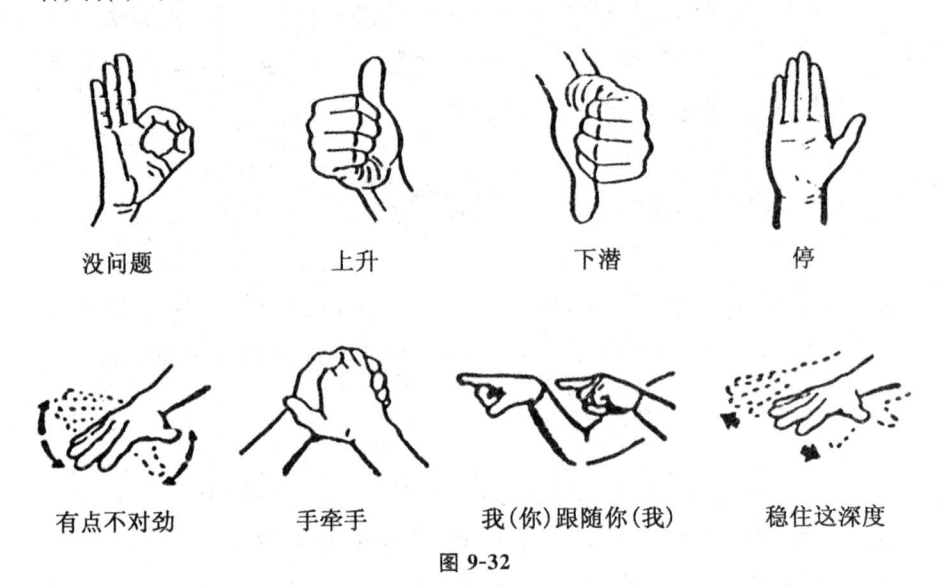

没问题　　　　上升　　　　下潜　　　　停

有点不对劲　　手牵手　　我（你）跟随你（我）　　稳住这深度

图 9-32

第三节　冰雪休闲运动

一、滑冰运动

（一）速度滑冰技术学练指导

1. 起跑技术

（1）起跑姿势

正面点冰式起跑：前脚冰刀与起跑线约成 45°角，刀尖切入冰面，刀跟抬起保持稳定；两刀开角为 90°～120°，后刀刃咬住冰面；

上体直立,两臂自然下垂,目视前方;屈膝屈髋,重心移至前脚冰刀;肩位于前膝上方;头部与身体成直线,目视前方;后臂微屈肘并后举与肩齐平,前臂屈肘约成90°角,两手半握。

丁字式起跑:与点冰式起跑基本相同,区别在于两冰刀是以平刃在冰上支撑站立,重心位于两冰刀中间,体重较均匀地置于两腿。

(2)起动技术

迅速向前上摆动浮腿,并使前脚冰刀尽量外转;重心前移,成前冲姿势,用力蹬直后腿,两刀抬离冰面,身体有个腾空阶段;两臂配合腿快速摆动;髋随重心移动而前送,外转的前脚冰刀以内刃踏切着冰,刀跟落于前进方向的中线上;蛙式起跑,两手迅速撑离冰面,两腿同时用力蹬冰,并快速前摆浮腿。浮脚冰刀不做外转动作。

2. 直道滑跑技术

(1)身体姿势:滑冰者身体呈流线型,上体前倾,与冰面形成10°~25°角,团身,两肩下垂,头部微抬;大腿深屈(图9-33)。

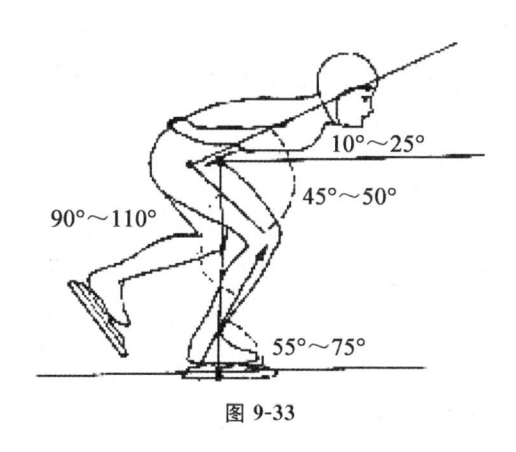

图 9-33

(2)支撑:支撑腿冰刀由外刃过渡到平刃支撑;鼻、膝、刀成一条直线;重心放在冰刀中后部上方;两肩平稳,上体前倾;利用蹬冰腿蹬冰结束的反弹力及内收肌群收缩,将冰刀抬离冰面,完成收腿;单支撑蹬冰时,以内刃切入冰面,刀尖指向滑行方向,形成牢固的支点并随重心横向移动,将全身力量集中地作用到冰面,向侧推蹬;浮腿从后位的矢状面摆向重心移动方向;膝盖领先,以大腿带动小腿摆向重心移动的方向(前侧方);双支撑蹬冰时,刀尖指向滑行方向,尽量延长蹬冰距离,蹬冰结束时蹬冰力量最大,蹬冰腿充分展直。

(3)着冰:摆腿动作结束时,两腿、两刀尽量靠近,以冰刀的外刃(或平刃)和冰刀的后半部着冰。

3.弯道滑跑技术

(1)身体姿势:上体前倾程度要比直道更接近水平状态,头部与身体成直线,两肩保持平稳,臀部与冰面平行。

(2)单支撑左腿蹬冰、右腿摆腿动作:保持两肩、臀部与冰面平行稳定状态;大腿和膝部位于胸下,并以左刀外刃牢固咬住冰面;展腿时,先展髋,压膝,当浮腿摆经蹬冰腿时,蹬冰腿膝关节加速伸展;沿弯道半径延长线向外侧蹬冰。右腿以膝盖领先摆收右腿,使腿部由外展动作变为内收和前跨动作;右腿向左腿右前方朝着支撑腿加速摆动;右腿交叉经过左腿时,右刀跟要贴近左刀尖做交叉跨越。

(3)单支撑右腿蹬冰、左腿摆腿动作与单支撑左腿蹬冰、右腿摆腿动作基本相同,方向相反。

(4)双支撑左腿蹬冰、右脚着冰动作:用刀刃中部快速向侧推蹬,蹬冰结束时,重心移向冰刀前半部;右脚着冰点在支撑脚冰刀左前方,刀尖抬起朝着切线方向,以刀跟内刃先着冰。

(5)双支撑右腿蹬冰、左脚着冰动作:展腿达到最高速,右腿快速展直完成蹬冰动作;两肩、臀部与冰面平行移动,随蹬冰腿加速伸展,使蹬冰角达到最小角度,蹬冰结束时,充分展直蹬冰腿;左脚着冰时,左腿前送,展膝屈踝,刀尖抬起,以外刃、冰刀的后部着冰。

4.终点冲刺

保持正确的滑跑动作和已取得的滑跑速度,注重向侧蹬冰的质量。同时,采用双摆臂加快蹬冰节奏,竭尽全力滑完全程。

(二)花样滑冰技术学练指导

以单人花样滑冰为例,对花样滑冰技术具体分析如下。

1. 滑行技术

单脚向前滑行动作的准备姿势与双脚滑行相同,在蹬冰结束后,滑行者应注意保持重心不变和单脚向前滑行姿势,换脚时,浮脚要接近滑脚,两臂在两侧自然伸展。

2. 旋转技术

以双脚直立交叉逆时针旋转(向左旋转)为例,起转后,左脚经右脚前方,顺旋转方向滑至右脚前外侧,双腿和双脚交叉,用右后外刃和左前内刃成对称的双脚交叉旋转,脚尖靠近脚跟分开。

3. 跳跃技术

花样滑冰的跳跃技术有多种,一般来说,跳跃旋转周数越多,难度越高。跳起后,应注意收回四肢(加速转)、展四肢(减速转)、转体技术及其配合,落冰时,注意深屈滑腿和伸展四肢缓冲。

二、滑雪运动

(一)越野滑雪技术学练指导

1. 蹬冰式滑行

一步一撑滑行时,双杖推撑,右脚蹬动并移重心至左板;左脚向前滑进,右脚蹬动后向左板靠拢;两步一撑滑行时,右板向前滑进并利用内刃有效蹬动,重心移到左侧板上并承担体重向前滑行,左右交替用力,持续向前滑行。

2. 单蹬式滑行

滑雪者右腿雪板内刃向侧用力蹬动,两杖同时向后推撑;蹬动结束后,重心移向左侧板并承担体重前滑,同时,双杖前摆;左板向前滑进一段距离后,重心向右倾,右板着地后,准备再一次蹬动,两杖前摆插地;右脚准备再一次蹬动,两杖插入板尖两侧,反复进行。

3. 转弯滑行

身体向弯道圆心侧倾倒;内侧板沿弯道切线方向滑进,并时刻调整方向,勿远离圆心;外侧板应按弯道的法线方向向外侧蹬动,同时需要加快频率,以便与内侧板相配合,变换转动方向。

4. 登坡滑行

以两步一撑蹬冰式滑行为例,上坡时步频不需要明显加快;滑行板侧用力较大。

5. 滑降

鉴于越野滑雪板的雪鞋后跟部不固定在板上,速度快时不易控制,容易失去平衡,因此,在滑降过程中要注意先控制速度。

(二)高山滑雪技术学练指导

1. 滑降技术

(1)直滑降:双板平行稍分开,两脚全脚用力;上体稍前倾,髋、膝、踝关节稍屈;两臂自然垂放,肘稍屈,目视前方。

(2)犁式滑降:双膝稍屈并略有内扣,重心在两板中间,两脚跟同时向外展,推开板尾,使雪板成"八"字形;上体稍前倾,两手握杖自然置于体侧,杖尖朝后方撑地滑行,目视前方。

(3)斜滑降:斜对山下站立,肩、髋稍向山下呈外向姿势。上体稍向山下侧倾而膝部向山上侧倾,用双板向山上侧刃刻住雪面;上侧板比下侧板向前一些,双板平行;两肩连线、髋的连线和两膝的连线与坡面平行,目视前方。

2. 转弯技术

(1)犁式转弯:在犁式滑降姿势的基础上将体重逐渐向一侧

第九章　其他类型健身方法指导

板上移动,保持雪板外形不变,自然转弯。

(2)双板平行转弯:保持一定的速度,提重心,体重向转弯内侧移,一板内刃、一板外刃蹬雪,滑入垂直落下线;继续向前屈膝、屈踝,体重移动结束后点杖开始,外、内板的体重比例为7∶3;利用蹬踏的反作用力与向内倾倒,向斜上方提起体重;再次滑入向垂直落下线的方向,体重在转弯的内侧,轮胎(雪板)牢牢地抓住地面。

(3)蹬跨式转弯:在双板滑进的基础上弧内侧(右)板稍抬起并跨出,注意左板向弧外蹬出、右板跨出、左板蹬出应同时进行;外侧板(左)强有力地用刃刻、蹬雪,右腿主要承担体重;左侧板蹬板结束,重心升高,收板向左侧倾倒。

(4)跳跃转弯:借助雪包或自身力量跳起,在空中改变雪板方向或变刃后着地。着地时,注意屈膝缓冲。

参考文献

[1]王瑞元,苏全生.运动生理学[M].北京:人民体育出版社,2012.

[2]陈玉忠.论休闲体育与体育休闲[J].上海体育学院学报,2010(1).

[3]方哲红.民族传统体育教学与训练[M].北京:北京体育大学出版社,2010.

[4]钟秉枢,李相如.中国休闲体育发展实践与探索[M].北京:北京体育大学出版社,2015.

[5]毛志雄,迟立忠.运动心理学[M].北京:中国人民大学出版社,2015.

[6]马红宇等.登山、攀岩与野营入门[M].南京:江苏科学技术出版社,2002.

[7]胡小明.体育与健康新论[J].体育与科学,2005(1).

[8]王宾.休闲体育对大学生终身体育意识的影响研究[J].科技资讯,2012(2).

[9]张建新,牛小洪.户外运动宝典[M].武汉:湖北科学技术出版社,2008.

[10]邓树勋.运动生理学[M].北京:高等教育出版社,2015.

[11]王斌.对影响休闲体育文化价值取向的社会因素的分析[J].广州体育学院学报,2004(5).

[12]邬凤.从哲学的视角下看休闲体育的发展[J].福建体育科技,2008(6).

[13]黄益苏.时尚休闲运动[M].北京:高等教育出版

社,2006.

[14]张一龙.论休闲时代背景下传统养生文化的价值[J].广州体育学院学报,2007(4).

[15]董立.大学生户外运动[M].成都:西南交通大学出版社,2010.

[16]宋雯.瑜伽教学与实践[M].北京:北京体育大学出版社,2011.

[17]刘艳霞.休闲体育对提高生命质量的价值分析[J].重庆科技学院学报(社会科学版),2011(17).

[18]尹默林.游泳运动与水中健身[M].上海:上海大学出版社,2013.

[19]陈允文.上海市民休闲方式研究[D].华东师范大学,2005.

[20]王斌,李霞.文化价值视野下的现代休闲体育[J].体育世界,2006(1).

[21]王合霞.轮滑技巧[M].北京:中国社会出版社,2010.

[22]全国体育院校教材委员会.冰雪运动[M].北京:人民体育出版社,2004.

[23]樊文刚,李建伍,袁春泰.球类运动教学与训练[M].北京:中国商务出版社,2009.

[24]李俊洪.休闲体育的锻炼价值[J].山东工业技术,2013(12).

[25]黄希庭.运动心理学[M].上海:华东师范大学出版社,2004.

[26]白霞.风筝和毽球[M].北京:中国社会出版社,2006.

[27]罗林.休闲体育的认识深化及在我国的发展研究[D].苏州大学,2005.

[28]肖成兵.论大众生活休闲化与休闲体育的发展[J].运动,2010(1).

[29]王旭东.体育健身原理与方法[M].北京:北京体育大学出版社,2008.